Małgorzata Pawlusiewicz

Z uśmiechem i słońcem

Ćwiczenia dla klasy III

Imię i nazwisko: _____

Klasa: _____

Szkoła im. _____

Nr tel. rodziców: _____

Nr tel. najbliższego kolegi lub koleżanki z klasy:

_____

Moje inicjały: _____ _____

Mój portret
(może być wklejone zdjęcie)

Kochane koleżanki i koledzy

Zapraszamy Was do wspólnego spaceru krętymi ścieżkami gramatyki i ortografii.

Jestem Agata.

A ja – Filip!

<u>Będziemy</u> Waszymi przewodnikami po ćwiczeniach.

<u>Będziemy</u> razem z Wami odrabiać zadania, rozwiązywać krzyżówki, zagadki i rebusy.

<u>Będziemy</u> Wam pomagać w poznawaniu podstawowych zasad gramatyki oraz pisowni trudnych wyrazów.

1 Zanim przejdziemy do ćwiczeń z gramatyki i ortografii polskiej, podzielcie się z nami swoimi wakacyjnymi wrażeniami.
Narysujcie najpiękniejszą chwilę swoich wakacji. Podpiszcie rysunek.

2 Rozwiążcie krzyżówkę. Rozwiązaniem będzie ustępująca pora roku.

1. Zdrobniale Urszula.
2. Inaczej wielka zabawa karnawałowa.
3. Zdrobniale – Tomasz.
4. Narząd wzroku.

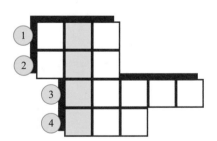

3 a) Pomalujcie kredkami obrazki, będące symbolami naszej flagi, godła Polski i herbu Warszawy.

b) Pokolorujcie rysunek Zamku królewskiego.

c) Zaznaczcie na konturach mapy Polski dotychczasowe stolice Polski: Gniezno, Kraków i Warszawę.

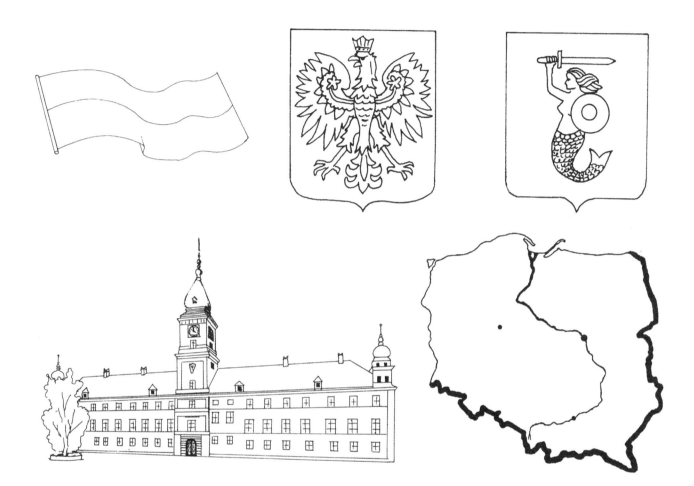

4 Uzupełnij zdania:

--------------------------- jest Ojczyzną wszystkich Polaków.

Flaga Polski ma kolory --- .

Hymn Polski zaczyna się od słów: ---

--------------------------- .

Najstarszą stolicą Polski było --------------------------- .

Drugą stolicą Polski był --------------------------- .

Obecną stolicą Polski jest --------------------------- .

PISZEMY LISTY

DO NASZYCH WAKACYJNYCH PRZYJACIÓŁ

Jak sobie z tym radzi Ola?

Aleksandra Nowak
7251 S. Archer
Chicago Il. 60632
USA

Sabina Janowska
ul. Hoża nr 13/25
20-060 Warszawa

Poland

PAR AVION AIR MAIL
Label 19B
April 1997

1 Obejrzyj kopertę. Zauważ, jak ją Ola zaadresowała. Gdzie nakleiła znaczek, a gdzie podała swój adres? Sprawdź, które wyrazy skróciła i jak je napisała.

Niektóre wyrazy można skracać:
zamiast ulica – piszemy ul. (z kropką)
zamiast numer – piszemy nr (bez kropki, gdyż r jest ostatnią literą wyrazu)

Nadawca	Adresat, czyli odbiorca
Ola (nadaje), wysyła list do Sabiny. Ola jest nadawcą.	Sabina jest  odbiorcą czyli odbiorcą .

Drogie Dzieci!

Każdy list musi mieć wiele form grzecznościowych. Zobaczcie jak Filip napisał list do swojego kolegi!
– To spryciarz! Zostawił dla Was luki do wypełnienia. Ale ja Wam podpowiem.
Pamiętajcie, że zwroty grzecznościowe piszemy wielką literą, np: Droga Babciu, Tobie, Cię, Ci, Ciebie.

20 września

Drogi Kuzynie.

Dziękuję *Ci* za list. Bardzo się ucieszyłem wiadomością, że u *Ciebie* wszystko w porządku. Co z *Twoimi* rybkami? Czy masz nowe akwarium? Ja dostałem nową złotą rybkę. Jak przyjedziesz to *Ci* pokażę. Chciałbym się z *Tobą* spotkać, tyle mam *Ci* do opowiedzenia!
Jutro do *Ciebie* zadzwonię i zaproszę *Cię* do siebie.
Przesyłam pozdrowienia dla *Twoich* i rodziców.

Filip

Pamiętajcie o takich ładnych zwrotach jak:

Dziękuję Ci
- bardzo serdecznie
- najmocniej
- z całego serca

- Przepraszam Cię bardzo
- Wybacz mi
- Nie gniewaj się

- Jest mi przykro
- Nie miej do mnie żalu

- Życzę Ci
- Składam Ci
- Przyjmij ode mnie

→ życzenia

radości, zdrowia, uśmiechów, dobrych kolegów, samych piątek w szkole

2 Spróbuj napisać list do pani Jesieni, używając zwrotów
grzecznościowych, jakich uczyli Cię Filip i Agatka.

_____

_____

_____

_____

_____

_____

_____

_____

_____

_____

_____

3 Ułóż życzenia dla swojego kolegi z okazji jego urodzin.

_____   _____

_____

_____

_____

_____

Zagadka **?**

Roznosi paczki,
listy, telegramy.
Wszyscy go lubimy
i chętnie witamy.

- -

GRAMATYKA

Litera

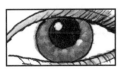

Literę piszę i widzę.

a głoska

Głoskę wymawiam oraz słyszę.

Filip – czy pamiętasz definicję litery?

Tak. Litera to najmniejsza cząstka wyrazu. Powtórzmy sobie na przykładach.

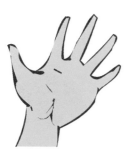

dłoń
d - ł - o - ń

oko
o - k - o

rower
r - o - w - e - r

Literę piszemy. Litera jest więc znakiem pisma.

1 Poskładaj rozsypane litery w całość, a powstaną z nich wyrazy.

o m t y l   i i e c ś l   a b ż a   o l j u a h n g a

LITERA A GŁOSKA

Głoskę wypowiadamy i słyszymy. Głoska jest dźwiękiem mowy.

2 Podpisz obrazki z rozsypanki literowej.

d r e z o w   c p a a k z   s l a z i k   d w i ź g

Agatko! – co zauważyłaś pisząc,
a potem czytając wyrazy
w ćwiczeniu nr 2 ?

Zauważyłam, że napisałam więcej liter niż słyszałam
dźwięków.
Ale wszystko się zgadza!
Niektóre z tych dźwięków składają się z dwóch liter,
choć słyszymy tylko jeden dźwięk.

Zapamiętajcie wszystkie głoski, które są dwuznakami:

sz, cz, rz, ch, dz, dż, dź

3 Poćwicz z Agatką i Filipem.

Podziel wyrazy na głoski i literki, pamiętając, że literka jest najmniejszą cząstką wyrazu napisanego, natomiast głoska – wypowiedzianego słowa.

	WYRAZ	DŹWIĘKI CZYLI GŁOSKI	Ilość głosek	LITERY	Ilość liter
w szkole	lis	l-i-s	3	l-i-s	3
	orzech	o-rz-e-ch	4	o-r-z-e-c-h	6
	motor	m-o-t-o-r	5	m-o-t-o-r	5
	dzwonek	dz-w-o-n-e-k	6	d-z-w-o-n-e-k	7
	rzeczka				
	śledź				
	wielbłąd				
	dżungla				
	szczaw				
	słoń				
	czytanka				
w domu					
	rękaw				
	rączka				
	ząb				
	dźwig				
	pędzą				
	drzwiczki				
	dłoń				
	czekolada				
	pasek				
	ruszać				
	szuflada				
	dziób				

Filip – pamiętasz o tym, że są dwa rodzaje głosek?

Wybacz, zupełnie nie wiem o czym mówisz.

Głoski dzielą się na samogłoski i spółgłoski.

Samogłoski to: a ą e ę i o ó/u y

Pozostałe głoski to spółgłoski.

Samogłoski słychać jako czyste, same dźwięki, bez dodatkowego pogłosu. Dlatego tak się nazywają. Wymawiamy je prosto i możemy je dowolnie przedłużać (aaaaa, ooooo, uuuuu, eeeee).

Gdy wypowiadamy spółgłoski, słyszymy pogłos np.:
b(y) c(y) ł(y) m(y) ś(i) ć(i) ń(i) ź(i).

Powtórzmy spółgłoski:

1 Pokoloruj na różowo wszystkie spółgłoski miękkie, a na niebiesko wszystkie głoski będące dwuznakami.

SAMOGŁOSKI I SPÓŁGŁOSKI

2 Podziel głoski w wyrazach na samogłoski i spółgłoski.
Ustaw je w odpowiednich rzędach.

WYRAZ	SAMOGŁOSKI	SPÓŁGŁOSKI
rosa	o, a	r, s
liść	i	l, ś, ć
słońce	o, e	s, ł, ń, c
ławka	a, a	ł, u, k
stoły	y, o	s, t, ł
klasa	a, a	k, l, s
pióro	ó, o	p, r
sałata	a, a, a	s, ł, t
dzwonek	o, e	dz, n, k
koźlątko	o, ą, o	k, z, ł, t, k
hulajnoga	u, a, o, a	h, l, j, n, g
łódka	ó, a	ł, d, k
córka	ó, a	c, r, k
lód	ó	l, d
rzeczka	e, a	r, z, cz, k

3 Uzupełnij luki w wyrazach samogłoskami (**a e i o u y**).

a) k o g u t, k u r a, J a n e k, M a ł g o s e a

b) A n n a j e s t d u b r m k o l e ż a n k o.
P o m a g a Z o s a i R o b a r t o w i w n u o c e.
J a j n a u k a n e i s p r o w i a k ł o p o t u.

4 W podanych wyrazach dopisz brakujące spółgłoski miękkie:
ś, ć, ń, ź lub si, ci, ni, zi.

bo _ci_ an, _ś_ limak, _ź_ rebak, sło _ń_ ce, _ni_ ebo

ko _ź_ lątko, sło _ni_ e, _zi_ emniaki, _ć_ ma

5

Wypisz z tekstu wyrazy z dwuznakami i określ ilość głosek
i liter.

Wrzesień i początek października jest czasem, w którym
dojrzewają owoce na drzewach. Sadownicy muszą się śpieszyć,
bo niedługo nadejdą przymrozki.
Ludzie i zwierzęta robią zapasy na zimę.

	WYRAZ	GŁOSKI	Ilość głosek	LITERY	Ilość liter
1	wrzesień	w-rz-e-si-e-ń	6	w-r-z-e-s-i-e-ń	8
2	początek	p-o-cz-a-t-e-k	7	p-o-c-z-a-te-k	8
3	października	p-a-ź-dzi-e-r-ni-k-a	9	p-a-ź-d-z-i-e-r-n-i-k-a	12
4	czasem	cz-a-s-e-m	5	c-z-a-s-e-m	6
5	dojrzewają	d-o-j-rz-ew-a-ją	9	d-o-j-r-z-e-w-a-ją	10
6	drzewach	d-rz-e-w-a-ch	6	d-r-z-e-w-a-c-h	8
7	muszą	m-u-sz-ą	4	m-u-s-z-ą	5
8	śpieszyć	ś-p-i-e-sz-y-ć	7	ś-p-ie-s-z-y-ć	8
9	przymrozki	p-rz-y-m-r-o-z-ki	9	p-r-z-y-m-r-o-z-ki	10
10	ludzie	lu-dzi-e	4	l-u-d-z-i-e	6
11	zwierzęta	z-w-i-e-rz-e-t-a	8	z-w-i-e-rz-e-t-a	9

SAMOGŁOSKI I SPÓŁGŁOSKI

6 Podpisz obrazki, dobierając odpowiedni wyraz z ramki.

~~ślimak~~   wiśnie   ~~gwóźdź~~   ~~ćma~~   śruba

..........ćma..........

.........ślimak.........

.........gwóźdź.........

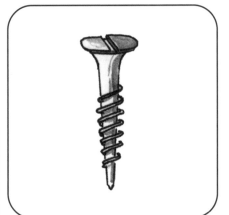

....

Porządek
alfabetyczny
liter

Wszystko w świecie ma swój porządek. W każdym języku litery ułożone są w określonej kolejności zwanej alfabetem.

Alfabet, czyli abecadło, to zbiór liter, gdzie każda litera ma swoje miejsce.

Jeszcze to mam pamiętać?

Musisz Filipku znać kolejność liter w alfabecie!
Będzie ci to potrzebne przez całe życie!
np.: do robienia list nazwisk, imion, do szukania wyrazów
w słowniczkach, encyklopediach i do wielu innych rzeczy.

Literki w porządku alfabetycznym:
a ą b c ć d e ę f g h i j k l ł m n ń o ó p r s ś t u w y z ź ż

Wyliczając litery alfabetu wymawiamy:

a ą b(e) c(e) ć(ie) d(e) e ę (e)f g(ie) h(a) i j(ot) k(a) (e)l (e)ł (e)m (e)n (e)ń o ó p(e) (e)r (e)s (e)ś t(e) u w(u) y z(et) z(iet) ź(iet) ż(et)

Czy teraz widzisz, jak na tle alfabetu wyróżniają się samodzielne samogłoski?

Zdecydowanie tak!

1 Podpiszcie rysunki, a następnie ułóżcie wyrazy w porządku alfabetycznym. Jeśli pojawią się wyrazy na tę samą literę, bierzemy pod uwagę drugą, a nawet trzecią literę wyrazu.

~~kot~~   ~~pies~~   ~~dom~~   ~~ufoludek~~   ~~jabłko~~

jabłko   pies   kot   ufoludek   dom

~~kredki~~ — ~~dzwonek~~   ~~szczotka~~   ~~źrebak~~   ~~zebra~~

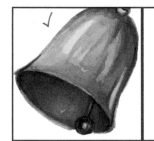    

dzwonek   zebra   kredki   źrebak   szczotko

PORZĄDEK ALFABETYCZNY LITER

~~szalik~~   ~~dynia~~   ~~cytryna~~   ~~teczka~~   ~~żółw~~

~~żółw~~   **teczka**   ~~cytryana~~   dynia   szalik

1) cytryna, dom, *dynia, dzwonek, jabłko, kot, kredki, pies, szalik, szczotka, teczka, ufoludek, zebra, żółw, zrebak.*

---

2 Poćwiczcie jeszcze raz, układając imiona w porządku alfabetycznym.

~~Jakub~~, ~~Alicja~~, Sabina, ~~Ewa~~, Sebastian, ~~Kinga~~, Natalia, ~~Filip~~, ~~Agata~~, Justyna, ~~Marysia~~, ~~Artur~~, Patryk, Tadeusz, ~~Marek~~, Wacek

1) Agata, *Alicja, Artur, Ewa, Filip, Jakub, Justyna, Kinga, Marek, Marysia, Natalia, Patryk, Sabina, Sebastian, Tadeusz, Wacek,*

3 Uporządkujcie listę nazwisk uczniów według kolejności alfabetycznej.

~~Rudnicka,~~ ~~Zuwalski,~~ ~~Banaś,~~ ~~Kaszowski,~~ ~~Pelczar,~~ ~~Marciniak,~~ ~~Ostrowski,~~ ~~Orzeł,~~ ~~Wybicki,~~ ~~Radoń,~~ ~~Czadankiewicz,~~ ~~Cebula,~~ ~~Wawer,~~ ~~Lewandowski,~~ ~~Lech~~

1) Banaś, Cebula, Czadankiewicz, Kaszowski, Lech, Lewandowski, Marciniak, Orzeł, Ostrowski, Pelczar, Radoń, Rudnicka, Wawer, Wybicki, Kuwalski.

4 Podpisz rysunki i ułóż wyrazy w porządku alfabetycznym.
Uważaj! wszystkie zaczynają się od literki h.

"Jeszcze Polska nie zginęła póki my żyjemy....."

herbatę   haft   hamak   hymn

haft, hamak, herbatą hymn

5 Z dwoma wybranymi wyrazami z poprzedniego ćwiczenia, ułóż zdania.

1 Lubię leżeć na hamaku. 2 Lubię pić herbatę. 3 W polskiej szkole śpiewamy hyn.

Pamiętaj!

Każdy nowoczesny człowiek
ma kolejność liter w głowie.
Musi on korzystać bowiem:
w szkole – z listy obecności,
z katalogu w bibliotece,
z listy zaproszonych gości,
spisu filmów w filmotece,
ze słowników, poradników,
przewodników, podróżników.

Prawie wszystkie dzisiaj dane
są od A do Z poukładane.

Powtórz z nami cały alfabet jeszcze raz:

a, ą, b, c, d, e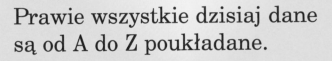

Pamiętaj!
W języku polskim nie ma wyrazów zaczynających się od liter:
ą, ę, y.

WIELKA LITERA

> Wielką literę bez wahania pisz na początku zdania!

np.: Wczesnym rankiem wybraliśmy się z tatą na ryby. Bezchmurne niebo zapowiadało ładny dzień.

> Niechaj wielka litera zagości: w nazwach krajów, mórz, oceanów, rzek, gór, ulic, planet, narodowości i wszystkich miejscowości.

np.:
– Polska, Francja, USA, Niemcy, Argentyna
– Warszawa, Chicago, Toronto, Kraków, Paryż
– Tatry, Karpaty, Alpy, Apeniny, Rysy,
– Ziemia, Neptun, Pluton, Słońce, Merkury
– Wisła, Odra, Sekwana, Tamiza
– ulica Sławkowska, Marszałkowska, Harlem, Central
– Polak, Chińczyk, Amerykanin, Francuz

> W tytułach książek pisz ją zawsze! (Ale tylko pierwszy wyraz tytułu.)

np.:
"Z uśmiechem i słońcem"
"Spacerkiem po ścieżkach gramatyki i ortografii"
"Brzydkie kaczątko"
"Lokomotywa"

To jeszcze nie wszystko!

> Gdy piszesz imię i nazwisko.

np.: Tomasz Kowalski, Paweł Kaszowski

Gdy zwracasz się w liście do kogoś dla ciebie ważnego, bliskiego – także używaj wielkiej litery. Tego wymagają dobre maniery!

np.:
Droga Babciu, Kochana Ciociu, Miła Olu, Szanowny Święty Mikołaju

Filip poćwiczmy z dziećmi jeszcze raz.

Oczywiście!

1 Oddziel zdania pionową kreską. Wstaw kropkę we właściwe miejsce, czyli na koniec zdania. Zmień pierwszą literę po kropce. Przepisz tekst.

Na zegarze była trzecia po południu |. jest to czas powrotu ze szkoły. koledzy odprowadzili mnie do domu szybko zjadłem obiad i wyszedłem na podwórze oni już na mnie czekali.

Na zegarze była trzecia po południu Jest to czas powrotu ze szkły. koledzy odprowadzili mnie do domu. szybbo zjadłam obiad i wyszedłem.Na podworze.Oni już na mnie czekali.

WIELKA LITERA

2 Z jakich krajów pochodzą te dzieci?
Połącz dziecko z nazwą kraju i flagą. Napisz ich narodowość.

Polska • Japonia • Francja

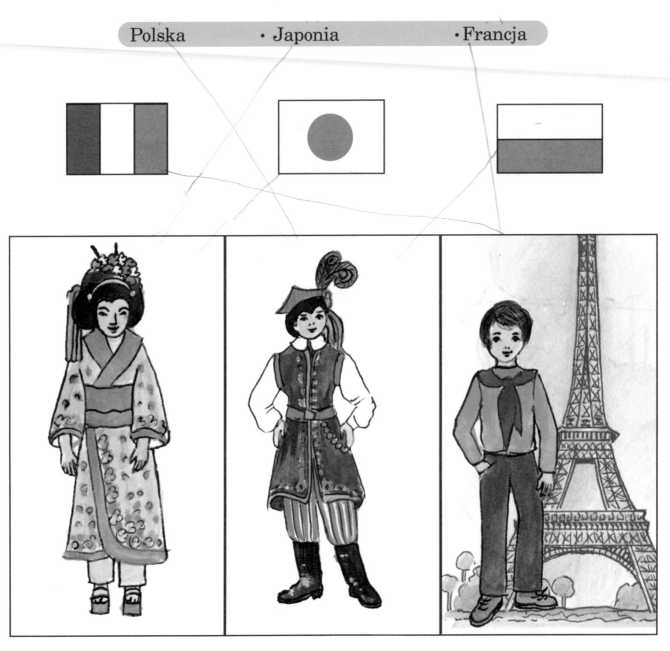

Dzieci pochodzą z następujących krajów: _Polska, Japonia, Francja_

3 Uzupełnij odpowiednią literą nazwy planet i rzek:

Ziemia, Merkury, Saturn

Wisła, Odra

4 Jakie to imiona i nazwiska? (Pamiętaj o wielkiej literze)

d=t   d=r   w=j   ek=a

Tomek,   romek,   Józek,   kuba,

 + **wska**   + **kowska**

Wiśniewjka,   kwiatkowska,

5 Jakie to miasta?

Biały (100) k   **K**  **ów**

Białystok,   kraków.

6 Jaki to tytuł książki?

 **ę** 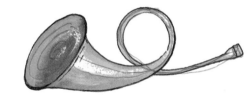 **lski**

Słoń Trąbalski

- litera a głoska
- samogłoski i spółgłoski
- porządek alfabetyczny
- wielka litera

Powtórka

Filipku zachęćmy dzieci do powtórki wszystkiego, czego dotychczas się z nami nauczyły!

Kochane Dzieci!
To nie jest trudne. Jesteśmy z Wami!
Pani będzie wymagać tego na następnej lekcji.

Odpowiedz na pytania:

a) Jaka jest różnica między literą a głoską?
b) Jakie znasz dwuznaki?
c) Kiedy piszemy wyrazy wielką literą?

1 Uzupełnij wyrazy brakującymi dwuznakami **ch, rz, sz, cz**.

a) Gotuje w restauracji – ku ch a rz
b) Roznosi listy – listono sz
c) Leczy ludzi – leka rz
d) Nie dziewczyna a – ch łopak
e) Uczy nas w szkole – nau cz yciel
f) Bałtyk to mo rz e.
g) Wisła to rz eka.

2 Podziel wyrazy na litery:

wiewiórka – w-i-e-w-i-ó-r-k-a
tchórz – t-c-h-ó-r-z
szczeka – s-z-c-z-c-h-a
córka – c-ó-r-k-a
górka – g-ó-r-ka
czekolada – c-zek-o-l-a-da
Magdalena – M-a-g-d-a-l-en-a
Grzegorz – G-r-z-e-g-o-r-z

3 Podziel wyrazy na głoski:

rzepa – rz-e-p-a
krzew – k-rz-e-w
grzyb – g-rz-yb

czytanka – c-z-y-t-a-n-k-a

liść – l-i-ś-ć

chusteczka – c-h-u-s-t-e-c-z-k-a

4 Które z tych wyrazów napiszesz wielką literą?

(wisła,) sanki, atlantyk, (tatry,) hania, rosół, ryba, notes, (wacek,) (kraków,) melodia

Wisła, Atlantyk, tatry, Hania, Wacek, Kraków

5 Podziel wyrazy na głoski i litery:

	WYRAZ	GŁOSKA – DŹWIĘK	Ilość głosek	LITERY	Ilość liter
1	krzyżówka	k-rz-y-ż-ó-w-k-a	8	k-r-z-y-ż-ó-w-k-a	9
2	szczotka	s-z-cz-o-t-ka	7	s-z-c-z-o-t-k-a	8
3	dworzec	d-w-o-rz-ec	6	d-w-or-z-c-c	7
4	jaskółka	j-a-s-k-ó-T-ka	8	j-a-s-k-ó-T-k-a	8
5	wróbel	wr-ó-b-e-l	5	w-r-ó-b-e-l	6
6	deszcz	d-e-sz-cz	4	d-e-s-z-c-z	6

6 Uporządkuj wyrazy w kolejności alfabetycznej:

sanki, ~~Wojtek~~, ~~flaga~~, dźwięk, ~~jabłko~~, gruszka, spacer, As, gra, ~~komputer~~

As, dźwięk, flaga, gra, gruszka, jabłko, komputer, sanki, Wojtek.

7 Napisz pięć wyrazów zaczynających od samogłosek: a, e, i, o, u lub ó.
Czy pamiętasz, że nie ma wyrazów w języku polskim zaczynających się od
samogłosek ą, ę, y?

1 Ala	2 ekran	3 igła	4 oczy	5 ulu

Ułóż z nimi zdania.

Ala jest piękną dziewczynką,
Telwizor ma ekran,
Igła jest ostra,
Mam nebieskie oczy,
Pszczoły mieszkają w ulu.

8 Rozwiąż szyfr, w którym wpisane są spółgłoski. Samogłoski są opuszczone.
Odczytaj szyfr głośno.

Znaleźliśmy   ślady   zagubionych   harcerzy!

Trzy   harcerki   poszły   na   prewo.

Dwaj   harcerze   poszli   na   lewo.

9 Odszukaj nazwy zwierząt ukryte w wyrazach zdań:

Skończyłem zdanie.   koń
Rysio podnosi ołówek.   osioł
Idziemy pieszo.   pies
Trzeba rano wstać.

10 Rozwiąż krzyżówkę:

(Rozwiązaniem jest warzywo z dużą zawartością witaminy C)

1) Mama używa go do kiszenia ogórków.
2) Czerwony, dobry do sałatek.
3) Można jeść jego nać lub korzeń.
4) Zielona, głowiasta, ale nie kapusta.
5) Może być czerwony, ale i cukrowy.
6) Wyciska niejedną łzę.
7) Musi mieć podpórkę, by rosnąć i owocować. Mama robi z niej zupę.
8) Ostry smak. Boją się go bakterie. W główce ma wiele ząbków.
9) Nie sałata, ale też głowiasta.
10) Podobny do brokułu, ale biały.

1.	K	O	P	E	R			
2.	P		M	I			R	
3.		S	E			R		
4.	S	A		T	A			
5.		B		R		K		
6.	C		B	U		A		
7.	F		S		L			
8.	C	Z		S			K	
9.		K	A			S		A
10.	K	A			F		R	

Wyklaskaj!
To ci pomoże rozpoznać sylabę.

Sy-la-ba

Podłóż dłoń pod brodę!
(ten sam efekt!)

SYLABA

Ba-siu,
Ro-bert
wra-caj-cie!

Każdy wyraz wymawiany bardzo wolno, rozpada się na sylaby.

Każda sylaba ma przynajmniej jedną samogłoskę,

dlatego wyrazy dłuższe, o jednej samogłosce są wyrazami jednosylabowymi np.: deszcz, kość, struś, złość, wstrząs, grzmot, sprzęt, gwóźdź, hymn.

1 Połącz sylaby, napisz wyraz w całości.

za

sa-mo ──→ chód

po

_ _ _ _ _ _ _ _ _ _ _ _ _ _

_ _ _ _ _ _ _ _ _ _ _ _ _ _

_ _ _ _ _ _ _ _ _ _ _ _ _ _

2 Rozwiąż krzyżówkę sylabową.

1) Ochrania oko. Jest górna i dolna.
2) Gospodarna, lubi robić zapasy na zimę.
3) Pożywny napój. Lubią go dzieci pić na śniadanie.

1	PO	WIE	
2			
3	KA		

3 Przeczytaj tekst. **Rzepka**

Zasadził dziadek rzepkę w ogrodzie.
Chodził tę rzepkę oglądać co dzień.
Wyrosła rzepka jędrna i krzepka.
Schrupać by rzepkę z kawałkiem chlebka.
Więc ciągnie rzepkę dziadek nieboże.
Ciągnie i ciągnie, wyciągnąć nie może.

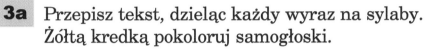

3a Przepisz tekst, dzieląc każdy wyraz na sylaby.
Żółtą kredką pokoloruj samogłoski.

Za - sa - dził

4 Przeczytaj tekst.

Przyjaciele Jacka

Jacek lubi swoich kolegów nazywać krótko: Krzyś, Jaś, Staś,
Grześ, Piotr. – Jedna sylaba i już wiadomo o kogo chodzi.
Ale nie wszystkie wymawiane imiona są takie krótkie,
jednosylabowe.
Możemy powiedzieć: Ja-nek, Krzy-siek, Sta-szek, Ro-bert,
Pio-trek, Grze-gorz, Woj-tek, Mi-chał.
Jacek zdecydowanie nie lubi imion trzysylabowych.
Na szczęście nie musi ich używać na co dzień.
Są to np.: Bo-le-sław, Prze-my-sław, Sta-ni-sław.

SYLABA

4a Popracuj z tekstem i własną wyobraźnią.
– Wypisz z tekstu wyrazy będące imionami jednosylabowymi. Dopisz pięć innych wyrazów (niekoniecznie imion).

– Wypisz wszystkie imiona dwusylabowe i dopisz pięć innych wyrazów, dzieląc je na sylaby.

– Wypisz imiona trzysylabowe, dopisz trzy inne trzysylabowe wyrazy, (niekoniecznie imiona) i podziel je na sylaby.

5 Rozwiąż rebusy, a dowiesz się, jakie zakupy miała zrobić Urszula.
Podziel te wyrazy na sylaby.

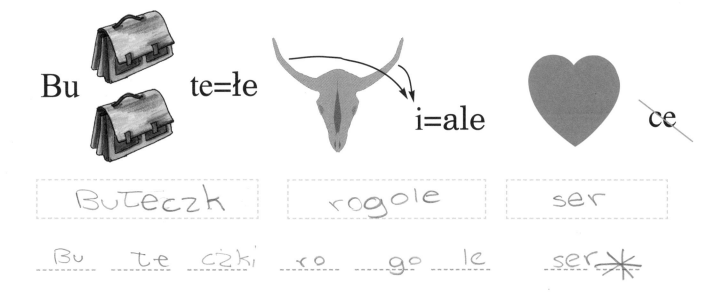

Bu   te=łe   i=ale   ce

BUTeczk	rogole	ser
Bu te czki	ro go le	ser

PRZENOSZENIE WYRAZÓW – SYLABAMI

Podział wyrazu na sylaby jest bardzo ważny przy przenoszeniu
wyrazów niemieszczących się w danej linijce. Przenosimy wtedy na
drugą stronę tylko tę część wyrazu, która jest sylabą!

np.:   lub

Ja-	dzba-	bo-	sy-	syla-
nek	nek	cian	laba	ba

Agatko!
– Wyrazów jednosylabowych nie rozrywamy!
Musimy je przenieść w całości! Np.: koń, słoń,
kra, wstrząs, chrzest, pies, ząb.

Czy wiesz Filip, że w wyrazach, gdzie połączone są dwie
jednakowe spółgłoski przenosząc, zawsze je rozdzielamy?
Podam ci przykłady: An-na, wan-na, lek-ka, pan-na.

39

SYLABA

1 Podziel wyrazy na sylaby przez rozłączenie tych samych spółgłosek.

np.:

sanna	san - na	wanna	wan - na
rynna	ryn - na	Hanna	Han-na
Zuzanna	Zu-zan-na	lekka	lek-ka

2 Złączone ze sobą różne spółgłoski można rozerwać lub przenosić razem na drugą stronę.

np.:

gwiazdka	gwiazd - ka		gwia - zdka
śrubka	śrub - ka		śru — bka
ciastko	ciast - ko	lub	cia - stko
garnek	gar-nek		ga - rnek
kapusta	ka-pu-sta		kap-usta
marchew	mar-chew		ma-rchew

3 Co znajduje się w koszyku z zakupami Uli?   Podziel wyrazy na sylaby.

kap [usta]

aron

ma [słoń]

kapusta   makaron   masło

ka pu sta   ma ko ron   ma sło

- powtórzenie
  wiadomości o sylabie

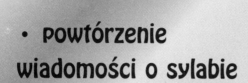

Powtórka

Przygotujcie się ! Pani może zrobić test!!!

• Odpowiedz ustnie:

a) Co musi być w każdej sylabie?
b) W jaki sposób przenosimy wyrazy na drugą stronę?
c) Podaj przykłady wyrazów jedno, dwu i trzysylabowych?
   (możesz sobie pomóc wyklaskiwaniem)

1 W miejsce kropek wstaw sylabę kie lub gie:

ra____ta, ____rowca, i____łka, o____ń, su____nka, m____łka,

cu____rek

2 Uzupełnij wyrazy sylabami miękkimi np.: bio, cia, mia, mio, pia, pie, pio, sia, wia, wie, dzie

Gdy nad mia stem zaś____ciły g____zdy, bab____ zapaliła ś____tło.

Potem wezwała wnuki do ką____li. U____dła przy ich łóżeczkach

i ś____wała im ulu____ne ____senki. ____ci usy____ły, obejmując

lalki i mi____ swoimi ra____nami.

3 Uzupełnij wyrazy cząstkami: sie, pie, zie, wie, wia, nie

Po powrocie z ZOO dzieci opowiadały sobie wrażenia.
Natalii i Robertowi najbardziej podobały się:

tygry____ pazury

pa ____ pióra   l ____ grzywa   jele ____ rogi

mał ____ figle   papu ____ dzioby

4 Podpisz obrazek wyraami z rozsypanki sylabowej.

| Słoń | bal | Trą | ski | po | za | mi | ski. | nal |

Znaki przestankowe

są jak znaki drogowe,
które mówią jak się zachowywać.

Kropka . → mówi, że należy się zatrzymać. Znajduje się zawsze na końcu zdania. np.: Ala wyszła na spacer.

Przecinek , → oznacza, że trzeba się zatrzymać na chwilę, wziąć oddech i pójść dalej. Dajemy go wtedy, gdy zdanie jest dłuższe lub przy wyliczaniu.
np.: Gdy słońce przygrzeje i będzie cieplej, dzieci znów wyjdą na boisko.
(lub) – Wkrótce nadejdzie mroźna, śnieżna, biała zima.

Dwukropek : → informuje o wyliczaniu czegoś.
np.: Na urodziny otrzymałam: komputer, gry elektroniczne, hulajnogę i nowy piórnik.

Pytajnik? ──▶ występuje wtedy, gdy pytamy.
On też ma kropkę.
np.: Czy ty mnie lubisz choć troszkę?

Wykrzyknik! ──▶ występuje w zdaniach, gdzie trzeba coś powiedzieć głośno, z naciskiem. On też ma kropkę, więc trzeba się zatrzymać.
np.: Coś ty zrobił! Czytaj wolniej! Uwaga! – Jurek daje jakiś znak!

> Ze znakami przestankowymi będziecie się spotykać we wszystkich tekstach.

1 Wstaw właściwy znak przestankowy w zdaniach.

Kuzyn Adasia mieszka na wsi ( )
Dlaczego nie byłeś w sobotę w szkole ( )
Zamknij drzwi ( )
Odleciały już następujące ptaki ( ) bociany ( ) jaskółki ( ) kaczki i gęsi.

Z tymi znakami popracujemy w następnym rozdziale.

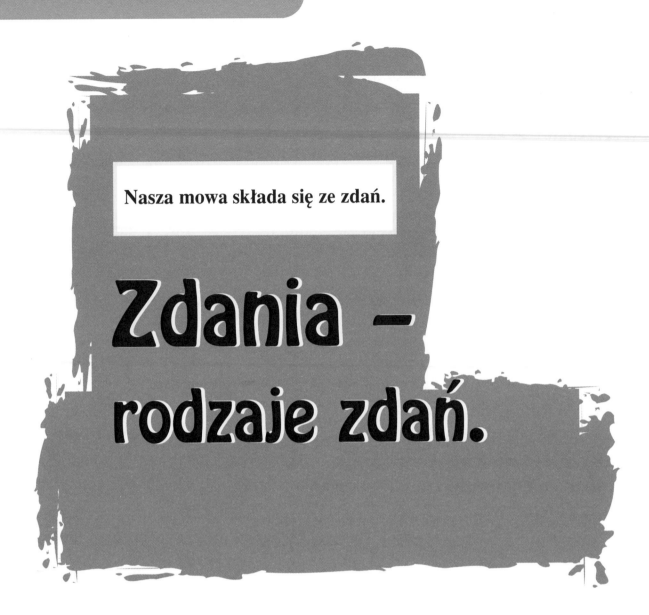

Nasza mowa składa się ze zdań.

Zdania – rodzaje zdań.

Zdania: wymawiamy,

słyszymy,

śpiewamy,

czytamy,

i

piszemy.

Zdania → informują,

→ pytają,

→ rozkazują lub coś mocno podkreślają.

• Jeżeli zdania coś oznajmują, informują,
kończą się kropką (.)
To są **zdania oznajmujące.**

np.: Marta śpiewa piosenkę.

• Jeżeli zdania pytają,
kończą się pytajnikiem (?)
To są zdania pytające.

np.: Kto śpiewa tę piosenkę?

Jeżeli zdania coś wykrzykują, rozkazują,
polecają, proszą, coś mocno podkreślają –
kończy je wykrzyknik (!)
To są **zdania wykrzyknikowe lub rozkazujące.**

np.: To jest bardzo ważne!
Nie płacz!
Proszę nie podpowiadać!
Uważnie słuchaj!

1 Jakie to zdanie?

Dlaczego nie byłeś w szkole?　　------------------------------

Ale śliczny kotek!　　------------------------------

Dzisiaj pójdę pograć w piłkę.　　------------------------------

2 Dopisz kilka przykładów zdań oznajmujących. Pamiętaj, że zdania te
kończą się kropką. (.)

1. Za szkołą jest duże boisko.
2. Stefan zwichnął nogę.

RODZAJE ZDAŃ

----

3 Uzupełnij rubrykę zdań pytających. (?)

1. Czy pojedziesz ze mną do kina?
2. Jaki kolor sukienki ma dzisiaj Justyna?
3. O której godzinie mogę przyjść do ciebie?

----

4 Dopisz kilka zdań z przykładami zdań wykrzyknikowych. (!)

1. Nie zaginaj kartek!
2. Siedź prosto!

----

5 Przekształć zdanie oznajmujące na zdanie pytające i rozkazujące według wzoru:

a) Adam czyta książkę.
b) Co robi Adam?
c) Nie czytaj książki podczas jedzenia!

• Wojtek pływa w jeziorze.
•

•

• Jutro pojadę do babci.
•

•
----

6 Uzupełnij zdania wykrzyknikowe.

Wymyśl sam, narysuj
i podpisz.

Nie depcz !	Uważaj	----------

Rozwijanie zdań

Zobacz, jak zdania można rozwijać.
Pomogą ci w tym obrazki.

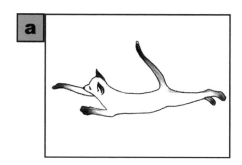

Kotek bawi się.

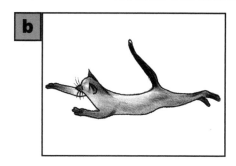

Syjamski kotek bawi się.

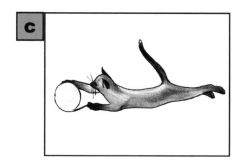

Syjamski kotek bawi się kuleczką.

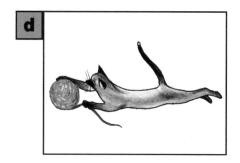

Syjamski kotek bawi się kuleczką wełny.

a)   Kotek bawi się.

b)   Syjamski kotek bawi się.

c)   Syjamski kotek bawi się kuleczką.

d)   Syjamski kotek bawi się kuleczką wełny.

1   Rozwiń zdania proste według wzoru:

Ola maluje.
Ola maluje dom.
Ola maluje malutki dom.
Ola maluje malutki, kolorowy dom.
Ola maluje w zeszycie, malutki, kolorowy dom.

a) Piekarz piecze.

ROZWIJANIE ZDAŃ

b) Mama haftuje.

c) Uczniowie piszą.

d) Wymyśl sam kilka przykładów.

Łączenie zdań

Zdania proste łączymy w zdania dłuższe, rozwinięte za pomocą przecinka (,)
lub wyrazów: i, ale, bo, lub, że, albo, ponieważ, dlatego, choć.
np.:

, Hania zbiera kasztany, Justyna liście.

i Wujek naprawia i maluje bramkę.

albo Jeżeli będzie pogoda, pójdę na spacer albo na boisko.

choć Stefania wyszła na spacer z psem, choć padał deszcz.

ale Robert miał pojechać z mamą do Polski, ale niestety zachorował.

ŁĄCZENIE ZDAŃ

1 Dokończ zdania rozwijając je.
Użyj spójników: bo, czy, ponieważ, gdyż, więc, ale, że.

a) Ciociu, mam jeść tę galaretkę łyżeczką czy łyżką?

b) Lubię Tomka, gdyż jest dobrym kolegą .

d) Jestem pewna, --------- --
-- .

e) Nie mogę pożyczyć ci tej książki, ------------- pożyczę ci inną.

f) Chodzę do polskiej szkoły, ---------- będę znał dodatkowo jeszcze jeden język.

g) Weź ze sobą parasol, --
-- .

2 Połącz zdania proste strzałką, rozwijając je za pomocą odpowiednich wyrazów (spójników):

Agata poszła do kina,
W przyszłości zostanę lekarzem,
Renia lubi muzykę,
Chciałabym dostać od Mikołaja hulajnogę,

albo **drukarkę.**

bo **chcę pomagać ludziom.**

chociaż **mamusia jej zabroniła.**

ponieważ **pochodzi z muzycznej rodziny.**

Zapamiętajcie!

Każde zdanie składa się z wyrazów.

•

Każdy | wyraz | pisze | się | oddzielnie.

•

Każde zdanie kończy się kropką,
pomimo że ma pytajnik lub wykrzyknik.

•

Zdanie rozpoczynamy zawsze wielką literą.

•

Zdania możemy rozwijać.

•

Zdania możemy łączyć spójnikami.

•

Zdania możemy przekształcać ze zdań oznajmujących
na pytające lub wykrzyknikowe.

- sylaba
- znaki przestankowe
- rodzaje zdań
- rozwijanie zdań
- łączenie zdań

Powtórka

1 Przygotuj się do odpowiedzi ustnej:

a) Czym jest sylaba?

b) Co możemy tworzyć z wyrazów?

c) Czym kończy się każde zdanie?

d) Jakie znasz rodzaje zdań?

e) Jakimi znakami kończą się poszczególne zdania?

f) Jakie znasz znaki przestankowe?

g) Zdanie proste możemy rozwijać w bardziej złożone za pomocą spójników. – Wymień kilka z nich.

Poćwicz pisemnie.

2 Podziel wyraz kaloryfer na sylaby.

....

3 Wstaw właściwy znak po zakończeniu zdania.

Musisz to powtórzyć jeszcze raz (.)
Dlaczego się wiercisz ( )
Bardzo lubię zupę pomidorową ( )
Jutro do ciebie zadzwonię ( )
Czy oglądałaś film "W pustyni i w puszczy" ( )

4 Wstaw właściwy znak:

. : ,

Nie zawsze płacz oznacza ból ( ) żal lub zmartwienie ( )
Przed wyjazdem do Kolorado muszę jeszcze kupić ( ) narty ( )
kijki ( ) nowe rękawiczki ( ) czapkę i okulary ( )

5 Rozwiń zdania odpowiednim wyrazem (spójnikiem): i bo więc albo .

Dzieci malują kolorową jesień, ( ) potrzebują różne odcienie żółci

( ) brązu.

Gracjan nie mógł pójść do szkoły, ( ) był chory.

Chyba zostanę lekarką ( ) pielęgniarką.

6 Rozwiąż krzyżówkę:

1) Są liściaste lub iglaste.
2) Dokucza nam, gdy jest silny i porywisty.
3) Zaczyna się 20 września.
4) Kolorowa latem, zielona wiosną, pasą się na niej owce.
5) Jesienią są żółte, czerwone i brązowe.
6) Pada lub mży.
7) Żyrafa, żółw, lew, tygrys i inne......
8) Niektóre odlatują, inne pozostają z nami na zimę.

1. | D | R | Z | | | |
2. | W | | A | | |
3. | | J | | | |
4. Ł | Ą | |
5. | L | | | C |
6. | D | | | Z |
7. | Z | | | E | | | |
8. | P | | | K | |

7 Połącz odpowiednie części zdań (przysłów) strzałką.

Kto nie pilnuje porządku –   to szkolna wymówka.

Paluszek i główka –   zapłacze sobie w kątku.

Ten naprawdę się śmieje,   kto śmieje się ostatni.

8 Rozwiąż krzyżówkę i odczytaj hasło:

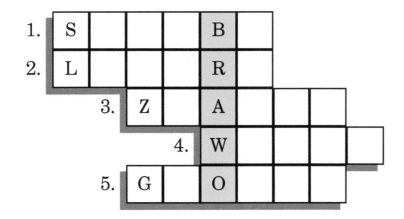

1) Każda ma jedną samogłoskę.
2) Najmniejsza cząstka napisanego wyrazu.
3) Składa się z wyrazów.
4) Składa się z sylab.
5) Najmniejsza cząstka wymówionego słowa.

Rzeczowniki
to wszystko, co nas otacza

Ciekawa jestem czy dzieci w klasie trzeciej wiedzą coś o rzeczowniku?

Tak, Agatko. Wiedzą już troszeczkę z drugiej klasy, ale także ze szkoły amerykańskiej!

Rzeczowniki to nie tylko nazwy rzeczy.

RZECZOWNIKI

to także nazwy

osób	zwierząt	roślin	miejsc na ziemi i w kosmosie
mama, tato, Irenka, nauczycielka, lekarka, kosmonauta, Andrzej	wąż, żyrafa, hipopotam, lew, kot, pies, małpy	kwiaty, owoce, drzewa, żonkil, róża, krzew, kaktus, trawa	planety, rzeki, oceany, Tatry, Wisła, Alpy, Afryka, Chicago, Warszawa, Polska, Merkury, Ziemia
Kto? ale także: **kogo? komu? z kim? o kim?**	**Co?** ale także: **czego? czemu? z czym? o czym?**		

np.: mamę, mamie, z mamą, o mamie

np.: żółw, żółwia, z żółwiem, o żółwiu
róża, róży, z różą, o róży
rzeka, rzece, z rzeką, o rzece

1 Wpisz rzeczowniki w odpowiednie baloniki:

rzeka, buty, marynarz, morze, hipopotam, róża, kredka, lew, kaktus, lekarz, osa, zeszyt, wróbel, dziewczynka, krokodyl, świerk, Merkury, Ziemia, Wisła, rycerze, komputery, przebiśnieg, odkurzacz, nauczyciel, żółw, piórnik, Tatry, rękawiczka, nożyczki.

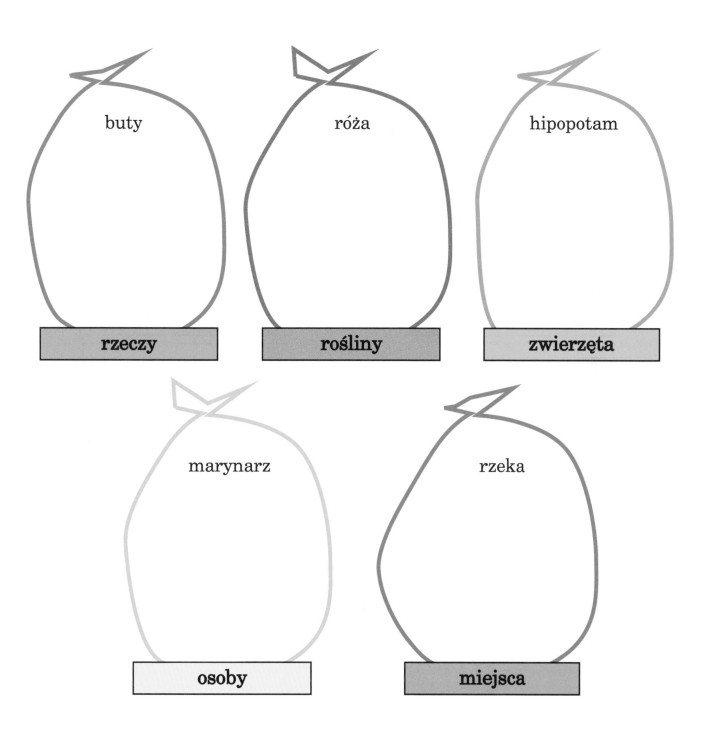

buty

rzeczy

róża

rośliny

hipopotam

zwierzęta

marynarz

osoby

rzeka

miejsca

RZECZOWNIKI

Rzeczowniki mają dwie liczby:

pojedynczą		mnogą	
jeden	stół (1)	dwa	stoły (2)
jedna	dziewczynka (1)	dwie	dziewczynki (2)
jeden	pan (1)	trzej	panowie (3)
jedno	dziecko (1)	troje	dzieci (3)
jeden	ząb (1)	dwa	zęby (2)
jedno	lustro (1)	pięć	luster (5)

2 Dopisz kilka przykładów.

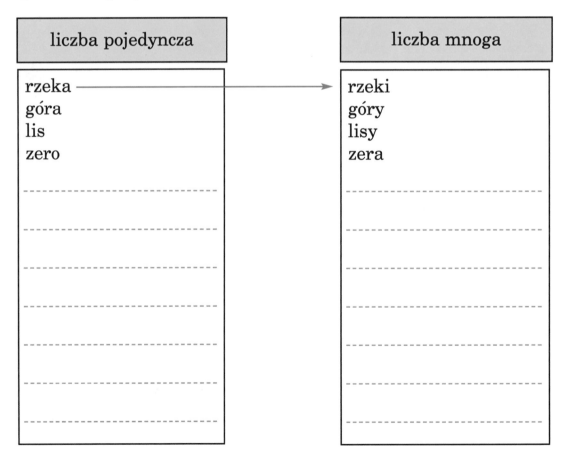

liczba pojedyncza	liczba mnoga
rzeka	rzeki
góra	góry
lis	lisy
zero	zera

3 Uzupełnij ćwiczenie.

liczba pojedyncza	liczba mnoga
żart	żarty
	żarówki
bagaż	
	pasażerowie
talerz	
	kucharki
	kurczęta
róża	
	planety
przyjaciel	
	nauczyciele
lew	
	tygrysy
jaskółka	
ocean	
	rzeki
mucha	
	zeszyty
ryba	
dziecko	
	rzodkiewki

Rodzaje rzeczowników.

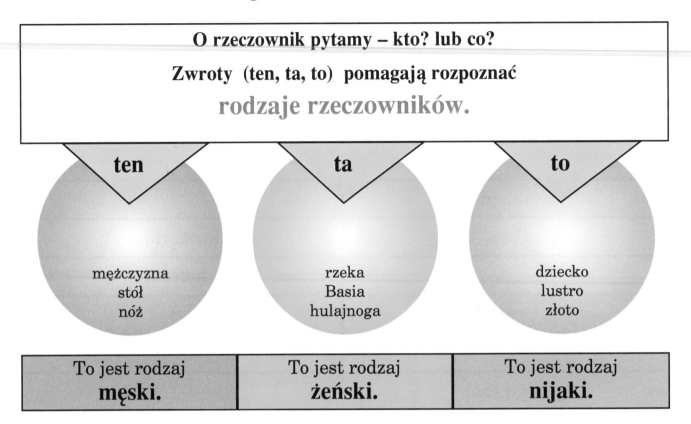

O rzeczownik pytamy – kto? lub co?

Zwroty (ten, ta, to) pomagają rozpoznać

rodzaje rzeczowników.

ten	ta	to
mężczyzna stół nóż	rzeka Basia hulajnoga	dziecko lustro złoto
To jest rodzaj **męski.**	To jest rodzaj **żeński.**	To jest rodzaj **nijaki.**

1 Zastanów się i uzupełnij:

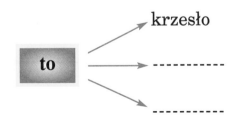

2 Określ rodzaj rzeczowników oznaczających zwierzęta.

rzeczownik	zwrot	rodzaj
żółw	ten	rodzaj męski
dzięcioł	ten	r. m.
lwica	ta	r. ż.
lwiątko	to	r. n.
pantera		
małpiątko		
kukułka		
zając		
cielę		
wiewiórka		
tygrys		
mucha		

3 Ułóż zdania z wyrazami: lwica, hipopotam, mysz, kukułka.

RZECZOWNIKI

4 Rozpoznaj rodzaj rzeczownika oznaczającego ludzi.

rzeczownik	zwrot	rodzaj
marynarz	ten	rodzaj męski
koleżanka	ta	r. ż.
Renata		
Robert		
dziecko		
niemowlę		
piłkarz		
pielęgniarka		

5 Ułóż zdanie z wyrazami: niemowlę i piłkarz.

----

6 Rozpoznaj rodzaj rzeczownika oznaczającego rzecz.

rzeczownik	zwrot	rodzaj
klocek	ten	rodzaj męski
lalka	ta	r. ż.
płaszcz		
kamizelka		
rower		
dom		
notes		
jajko		

7 Określ rodzaj rzeczowników oznaczających rośliny.

rzeczownik	zwrot	rodzaj
róża	ta	rodzaj żeński
tulipan		
krzew		
trawa		
jabłko		
orzech		
żyto		
konwalia		

8 Ułóż zdania z rzeczownikami: magnolia, kaktus.

----

9 Rozpoznaj rodzaj rzeczownika oznaczającego miejsce.

rzeczownik	zwrot	rodzaj
Ziemia	ta	rodzaj żeński
góra		
wzgórze		
Chicago		
jezioro		
Afryka		
kontynent		
księżyc		

RZECZOWNIKI

10 Podpisz obrazki i uzupełnij definicje.

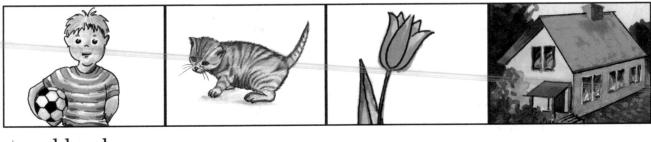

ten **chłopak** ···

Chłopak, ··································, ···································· i ··································

to rzeczowniki rodzaju ··································.

ta **dziewczyna** ···

Dziewczyna, ·······························, ···························· i ·····················

to rzeczowniki rodzaju ··································.

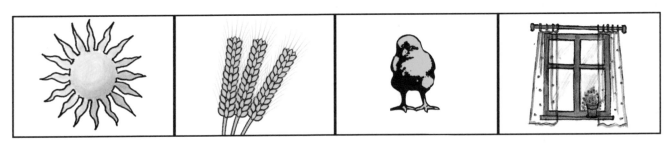

to **słońce** ···

Słońce, ··································, ···································· i ··································

to rzeczowniki rodzaju ··································.

Różne formy rzeczownika

Filip, co tak zwinnie skoczyło? – Jak myślisz, czy to wiewiórka?

O, wielkie dziwy! Nie widziałaś wiewiórki?

Ja zawsze zachwycam się wiewiórką.

Wiem, wiem. Zacznij więc pisać wiersze o wiewiórce!

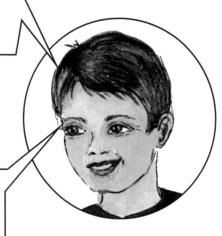

Agata i Filip mówią o tej samej wiewiórce, ale patrząc na ten wyraz, dostrzegamy zmianę w zakończeniu. To są formy rzeczownika.

co?
wiewiórka

czego?
wiewiórki

z czym?
z wiewiórką

o czym?
o wiewiórce

1 Poćwiczmy na przykładzie wyrazu orzech.

Co to? – orzech.
Nie jadłem dzisiaj ani jednego (czego?) ....
To zjedz, bo będziesz śnił (o czym?) o ....
Zwykle zajadam się (czym?) .... laskowym lub włoskim.

RZECZOWNIKI

2 W promykach tego słoneczka znajdziesz pewne zwroty. Pomogą ci stworzyć właściwą formę wyrazu mama. Ułóż z nimi zdania.

1. Nie ma wspanialszej istoty od mamy.
2. Kocham swoją ...., ponieważ jest mi najdroższa.
3. Szukałem ....

....

....

....

....

....

....

3 Ten tekst nie jest napisany prawidłowo. Przeczytaj go, popraw i przepisz, używając właściwej formy rzeczownika.

Nadeszła zimę^a. Tomek wyjrzał przez oknami^o i zobaczył wirujące śnieżynką. Ola nie wierzyła, że to śniegu. Jeśli nadal będzie padał śniegiem, to zrobię bałwana – pomyślała Ola. Nie ciesz się Olę. Jutro będzie deszczu.

Nadeszła zima. Tomek wyjrzał _____

_____

_____

_____

_____

_____

_____

4 Rozwiąż krzyżówkę:

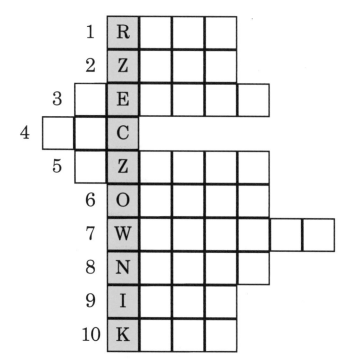

1) Pora dnia
2) Biała, chłodna pora roku.
3) Odchodzi przed zimą.
4) Okrywasz się nim, gdy jest ci zimno
5) Nakładasz zimą na głowę.
6) Jedz ich szczególnie dużo zimą. To źródło witaminy C.
7) Splot włosów.
8) Nakładasz na nogi i ...z górki.
9) Rodzaj listeczków, które nie opadają na zimę.
10) Budynek, gdzie wyświetla się filmy.

RZECZOWNIKI

5 Wpisz w zdania odpowiednie formy rzeczowników: sad, siostra.

sad

U cioci Justyny pod Warszawą jest piękny .... W ....
rosną różne drzewa owocowe: jabłonie, grusze i śliwy. Za .... jest
głęboki staw z rybami. .... jest najpiękniejszy jesienią. Znajomy
cioci, poeta z Warszawy, tak bardzo kocha .... jesienią, że pisze
o tym .... piękne wiersze.

siostra

Barbara, to siostra Justyny. Obie .... są bliźniaczkami, ale Basia
jest starsza od .... o dwie minuty i zawsze to .... przy-
pomina. Basia jest świetną skrzypaczką, natomiast Justyna jest
pianistką. Basia chwali się wszystkim swoją .... i bardzo często
opowiada o .... swoim koleżankom.

6 Rozwiąż krzyżówkę:

1) Rumiane spada z drzewa.
2) Miejsce o największej ilości drzew owocowych.
3) Ma dwa końce.
4) Zawdzięczamy jej pyszną jajecznicę.
5) Nie kura, ale też ptak domowy.

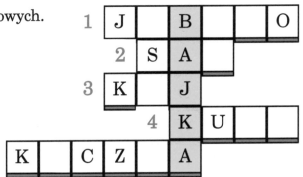

7 Znajdź 10 ukrytych rzeczowników, wypisz je, a potem ułóż w porządku alfabetycznym.

M	A	M	A	N	R	O	W	E	R	N	A	S	O	U	M
S	O	L	W	O	K	U	K	A	K	B	C	A	M	O	I
T	S	Z	K	Ł	O	L	R	M	E	L	O	D	I	A	A
O	A	W	O	L	P	P	L	K	U	P	D	K	N	W	S
T	R	U	S	K	A	W	K	A	O	R	O	M	A	N	T
K	A	O	N	K	L	O	W	O	S	K	B	P	K	K	O
A	T	N	M	M	Ł	N	O	L	Ł	M	C	U	S	O	A
O	U	C	Z	E	Ń	O	Z	K	Ż	Y	R	A	F	A	S

----

w porządku alfabetycznym:

----

8 Dokończ krzyżówkę, a dowiesz się kim jesteś:

1) Nie jabłko, ale też owoc.
2) Głośno tika.
3) Zdrobniale koń...
4) Rodzice piją w niej kawę.
5) Nie pszczoła, ale też owad, lata koło ucha.
6) Placek z sera.
7) Bolą, jeśli o nie nie dbasz.

1 | G | R | | | | A
2 | Z | | | R |
3 | K | O | | K |
4 | F | I | | Ż | | | A
5 | M | | C | H |
6 | S | | | N | | K
7 | Z | | Y |

- **Rzeczownik**

Powtórka

Pomożemy Wam usystematyzować wszystko o rzeczowniku.

To wcale nie jest takie trudne!

Rzeczowniki to wyrazy oznaczające nazwy rzeczy, ludzi, zwierząt, roślin i miejsc we wszechświecie.

Odpowiadają na pytania:

kto?
(dotyczy ludzi)

co?
(dotyczy reszty rzeczowników)

Rzeczowniki, w języku polskim, zmieniają formę, jeśli inaczej o nie zapytamy.

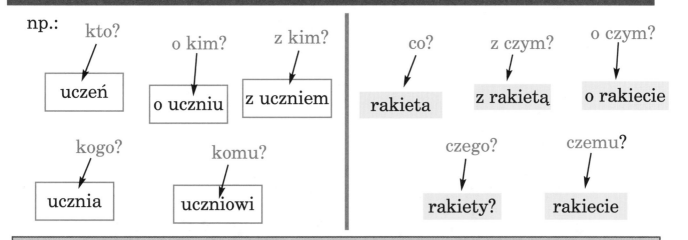

np.:

kto? → uczeń

o kim? → o uczniu

z kim? → z uczniem

kogo? → ucznia

komu? → uczniowi

co? → rakieta

z czym? → z rakietą

o czym? → o rakiecie

czego? → rakiety?

czemu? → rakiecie

Rzeczowniki mają dwie liczby:

dopisz własny przykład

pojedynczą
(1) krzesło
(1) -------------------

mnogą
(2) krzesła
(5) -------------------

Rzeczowniki mają trzy rodzaje:

dopisz własne przykłady

męski	żeński	nijaki
on ten > Robert, stół	ona ta > pani, książka	ono to > dziecko, jajko

Przymiotniki

to cechy określające rzeczowniki

uśmiech —— | jaki? | —— | wesoły |

kredka —— | jaka? | —— | czerwona |

dziecko —— | jakie? | —— | grzeczne |

Chłopcy lubią używać przymiotników.
Np.: Ale ładna dziewczyna! Jakie ma piękne, niebieskie oczy! A jakie ma modne dżinsy!

My za to zwracamy uwagę na inne cechy, inne przymioty. Lubimy mądrych, poważnych chłopców.

I nigdy nie mówicie o nas? –
Ale przystojny!
A jakie ma długie nogi!!

Wszystkie cechy rzeczy, ludzi, zwierząt, roślin i miejsc – to przymiotniki

Przymiotniki mówią nam bardzo wiele o całym świecie!

- Co mówi nam przymiotnik o śniegu?

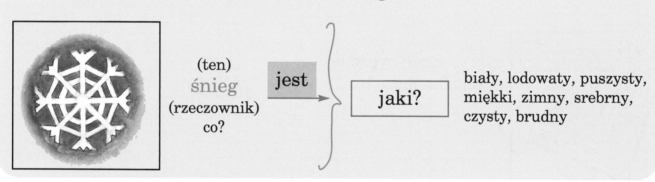

(ten) **śnieg** (rzeczownik) co? **jest** → **jaki?** biały, lodowaty, puszysty, miękki, zimny, srebrny, czysty, brudny

- Co mówi nam przymiotnik o małpie?

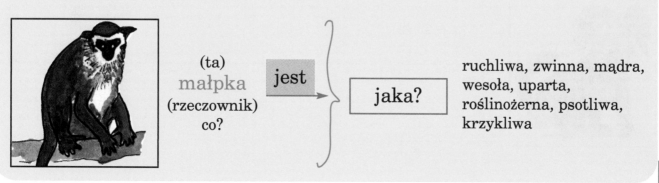

(ta) **małpka** (rzeczownik) co? **jest** → **jaka?** ruchliwa, zwinna, mądra, wesoła, uparta, roślinożerna, psotliwa, krzykliwa

PRZYMIOTNIKI

- Co mówi nam przymiotnik o róży?

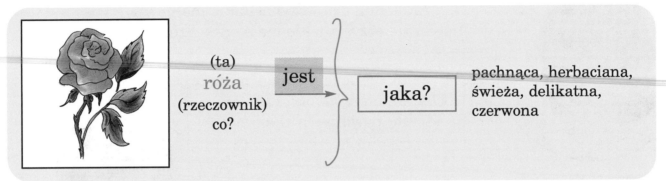

(ta)
róża
(rzeczownik)
co?

jest → jaka?

pachnąca, herbaciana, świeża, delikatna, czerwona

- Co mówi nam przymiotnik o Jacku?

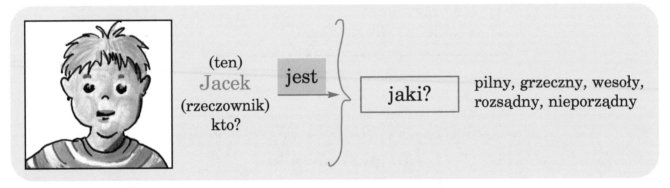

(ten)
Jacek
(rzeczownik)
kto?

jest → jaki?

pilny, grzeczny, wesoły, rozsądny, nieporządny

1 Obejrzyj obrazki, odpowiedz na pytania i określ przedstawione rzeczowniki właściwymi przymiotnikami.

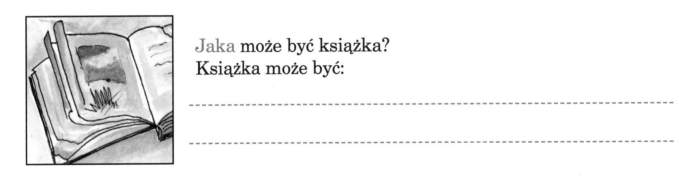

Jaka może być książka?
Książka może być:

_____

_____

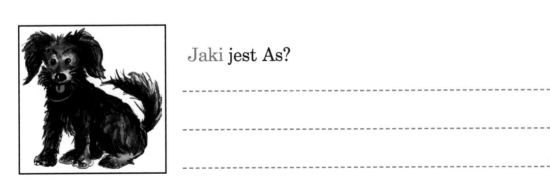

Jaki jest As?

_____

_____

_____

Jakie może być dziecko?

Jakim miastem jest Kraków?

-----

2 Przeczytaj uważnie opowiadanie o kotku Jagusi. Podkreśl, a potem wypisz wszystkie cechy Drapusia.

Kotek Jagusi

Każdy, kto spyta o kotka Jagusi,
nieskończonych pochwał nasłuchać się
musi: Drapuś jest <u>śliczny</u>, zwinny,
wesolutki. Jest lśniący i gładki.
Jest miękki, miły, przyjemny, puszysty.
Jest zawsze łagodny, rozumny i czysty. Zatem
każde dziecko z tym zgodzić się musi, że najpiękniejszy
w świecie jest kotek Jagusi.

2a Zaginął twój ulubiony piesek, świnka morska lub papużka. Napisz ogłoszenie o twojej zgubie. Dokładnie określ wygląd swojego zwierzątka.

PRZYMIOTNIKI

Przymiotniki, tak samo jak rzeczowniki, mają dwie liczby:

pojedynczą

np.: (1) <u>zielona</u> (żabka)
(1) <u>śniegowy</u> (bałwanek)

mnogą

(2) <u>zielone</u> (żabki)
(3) <u>śniegowe</u> (bałwanki)

3 Zamień liczbę pojedynczą na mnogą określonych przymiotników. Uzupełnij luki w nawiasach rzeczownikami.

czerwona   (sukienka)   → czerwone   (sukienki)

ambitny   (_____) →_____ (_____)

oszczędny (_____) →_____ (_____)

wesoły   (_____) →_____ (_____)

ostrożny   (_____) →_____ (_____)

Przymiotniki, tak samo jak rzeczowniki, mają
w liczbie pojedynczej trzy rodzaje: męski, żeński i nijaki.

(ten) zielony ⟵ sweter   ⟵ jaki? (r. m.)
(ta) brudna ⟵ ściana   *pytamy*   ⟵ jaka? (r. ż.)
(to) otwarte ⟵ okno   ⟵ jakie? (r. n.)

4 Określ rodzaj przymiotnika. Dopisz do przymiotnika rzeczownik tego samego rodzaju.

(ta)	mała	r. ż.	rączka
(ta)	skórzana	r. ż.	torebka
(to)	zielone	r. n.	
	okrągły		
	wysoka		
	kwaśny		
	śniegowe		
	smutna		
	nieuważne		
	nierozsądny		

Przymiotniki, razem z rzeczownikami, zmieniają swoją formę, w zależności od tego, jak o nie pytamy.

kto? (to)   – pilny uczeń
kogo? (widzę)   – pilnego ucznia
komu? (się przyglądam?)   – pilnemu uczniowi
z kim? (się spotykam?)   – z pilnym uczniem
o kim? (opowiadam)   – o pilnym uczniu

co?   mroźny dzień
czego?   mroźnego dnia
czemu?   mroźnemu dniu
z czym?   z mroźnym dniem
o czym?   o mroźnym dniu

A teraz poćwiczmy!

PRZYMIOTNIKI

5 Do podanych rzeczowników dopisz po dwa określające je przymiotniki.

np.:

zima	(jaka?)	....	....
śnieg	( )	....	....
słońce	( )	....	....
mróz	( )	....	....
lód	( )	....	....
rękawiczka	( )	....	....
okulary	( )	....	....

6 Do podanych przymiotników dobierz rzeczowniki i odwrotnie.

np.:

wesoły chłopak   gładki lód

nieostrożna .... lustro

.... szyja   .... muchomor

wąska ....   okrągłe ....

.... humor   interesująca ....

oszczędny .... dziecko

.... kotek   wygodny ....

.... torebka   .... buty

kolorowe ....   zaczarowana ....

7 Utwórz przymiotniki od podanych rzeczowników.

mróz	– mroźny	wiosna	– ....
śnieg	–	lato	– ....
zima	–	skóra	– ....
lód	–	zieleń	– ....

8 Do podanych zdań, dopisz zdania zaprzeczające.

Wacek jest obowiązkowy.   Grzesiek jest nieobowiązkowy.

Ola jest delikatna.   Renia jest niedelikatna.

Tomek jest staranny.   ....

Darek jest śmiały.   ....

Jacek jest zaradny.   ....

Nela jest gospodarna.   ....

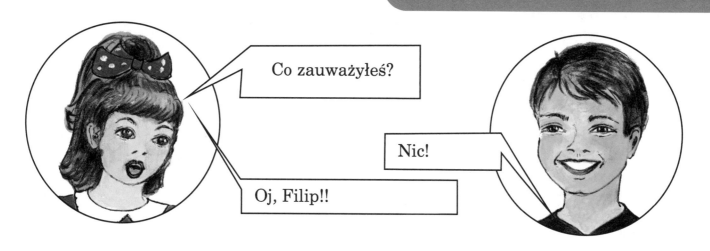

Pamiętaj, że nie z przymiotnikami piszemy łącznie! (razem)

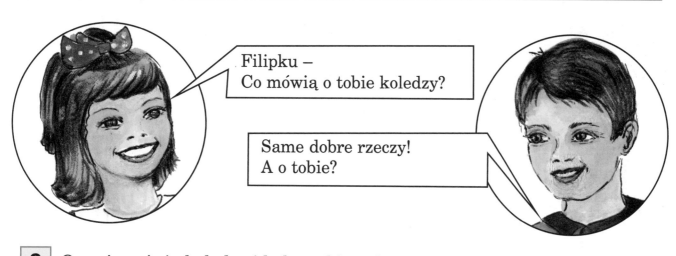

9 O mnie mówią koledzy i koleżanki, że jestem

10 Najbardziej lubię _____, ponieważ jest

11 Narysuj swój autoportret uwzględniając:

- kolor włosów
- kolor oczu

PRZYMIOTNIKI

- kształt nosa
- kształt ust
- broda
- czoło
- uszy
- znaki szczególne

12 Pomyśl i dobierz przymiotniki przeciwstawne do podanych.

wysoki	(chłopak)	–	niski
długi	(sznur)	–	
krótka	(kredka)	–	
nudna	(książka)	–	
brudna	(woda)	–	
smaczna	(herbata)	–	
leniwy	(uczeń)	–	
wąska	(dróżka)	–	
młody	(dąb)	–	
stary	(krzew)	–	

12a Wybierz trzy przymiotniki i ułóż z nimi zdania.

13 Uzupełnij brakujące zakończenia przymiotników tak, aby były zgodne z formą rzeczownika.

Ala z Justyną to dwie najlepsz........ koleżanki. Wybrały się kiedyś do muzeum star........ zegarów. Ile tam ciekaw........ eksponatów!
Star........, ścienn........ zegary z kukułką, słoneczn........, piaskow........, wodn........, sprężynow........ i elektroniczn......... To dobr........ lekcja historii.

14 Znajdź 10 przymiotników i wypisz je.

Ł	K	S	I	N	I	S	K	I	L	A	P	I	S	N	O	N
A	W	I	N	E	S	K	L	I	M	K	R	N	O	D	O	I
D	O	W	E	S	O	Ł	Y	L	N	O	S	M	S	T	N	E
N	M	C	L	E	M	N	O	W	O	L	T	Ł	L	A	M	B
Y	A	N	P	S	R	T	U	S	P	O	U	M	K	O	A	I
A	S	W	D	C	K	L	C	T	T	R	Z	O	W	C	Ł	E
O	B	R	Ą	Z	O	W	A	U	W	O	C	R	D	L	K	S
L	W	E	N	R	T	S	K	N	I	W	Y	S	O	K	I	K
Ś	M	I	E	S	Z	N	Y	O	A	Y	T	K	A	P	R	I
A	N	W	S	T	R	A	O	Z	I	L	S	I	W	N	T	E
M	Ą	D	R	A	O	S	T	U	W	I	I	S	L	O	U	A

- **Przymiotnik**

Powtórka

Podpowiemy Wam!

1 Co to jest przymiotnik i co określa?

> Przymiotnik to w•••••, który określa rzeczownik
> (ludzi, zwierzęta, rośliny, rzeczy i miejsca)
> np.: ładna dziewczyna, mądry chłopak, pachnąca róża,
> groźny lew, stare miasto

2 Na jakie pytania odpowiada przymiotnik?

jaki? ------------ ------------

3 Ile liczb mają przymiotniki?

> Przymiotniki, tak jak rzeczowniki, mają dwie liczby:
> liczbę p———————————— i liczbę m————————————
> np.: ładna sukienka, ładne sukienki

4 Ile rodzajów mają przymiotniki w liczbie pojedynczej?

> Przymiotniki mają w liczbie pojedynczej trzy rodzaje
> rodzaj męski, rodzaj ż———————— i rodzaj n————————
> (ten) ładny, (ta) ładn——— (to) ładn———

5 Czy przymiotniki, tak jak rzeczowniki, zmieniają swoje końcówki
w zależności od tego, jak o nie pytamy?

> Tak. Zobaczcie to na przykładach:
> Kto to? – ładny chłopak
> Kogo widzę? – ładnego chłopaka
> Komu się przyglądam? – ładn——— chłopakowi
> Z kim idę do kina? – z ładn——— chłopakiem
> O kim będę opowiadać – o ładn——— chłopaku

Uff...
To już wszystko?

Tak! Sądzę, że dzieci też są szczęśliwe, że
to już koniec nauki o przymiotniku.
Będziemy się z nim spotykać w wierszach
i czytankach jak z dobrym znajomym!

On szczeka.

Ja rysuję.

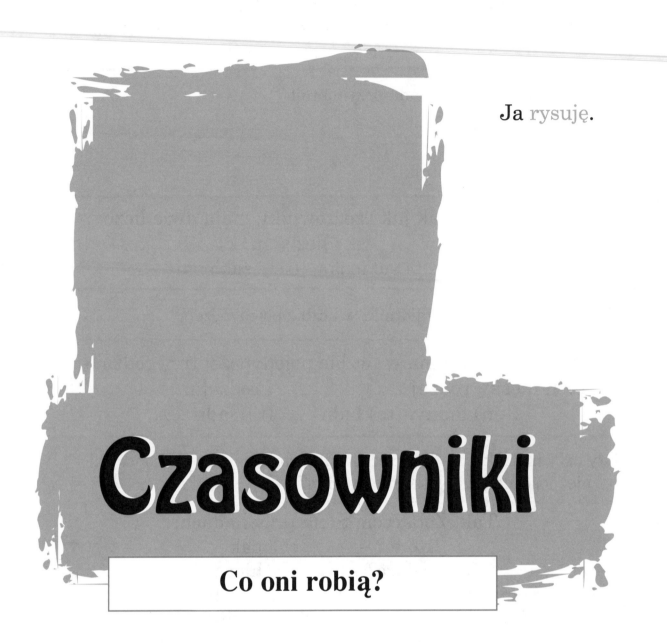

Czasowniki

Co oni robią?

One czytają książkę.

Oni grają w piłkę.

Filip – co robisz?

Już od godziny odrabiam lekcje.
A co ty robisz zwykle o tej porze?

Zwykle o tej porze też odrabiam lekcje.
Czasem jednak podlewam kwiatki, piorę
sweterki, czytam książki lub układam
swoje "szpargały" w szufladach.

Drogie dzieci!
Przeczytajcie uważnie rozmowę Agaty z Filipem i podkreślcie w ich
wypowiedziach czynności.

Wykonanie jakiejś czynności zajmuje jakiś czas,
np.: odrabianie lekcji, stanie w kolejce po bilety do kina itd.
Czasownik ma więc w swojej nazwie czas.

Czasem, to co się dzieje wokół nas, nie możemy nazwać
czynnością, którą ktoś robi.
To "coś" się dzieje np.: dziecko rośnie, deszcz pada.
To nie jest czynność. To jest stan.

Czasownik oznacza więc czynność lub stan.
Pytamy o niego:

co robi?   lub   co się dzieje?

pływa (kaczka)   gotuje się (woda)
skacze (Krzysio)   sypie (śnieg)
maluje (Terenia)   śpi (tato)
biega (pies)   topnieje (śnieg)

CZASOWNIKI

1 Odpowiedz na pytania pełnym zdaniem.
Podkreśl w pytaniach i odpowiedziach czasowniki.

a) Co robi nauczyciel?

----

b) Co robi lekarz?

----

c) Co dzieje się ze śniegiem, gdy mocno przygrzeje słońce?

----

d) Co dzieje się z wezbraną przez ulewne deszcze rzeką?

----

e) Co może się stać, gdy mleko za mocno się gotuje?

A teraz już sam powiedz, czym jest czasownik.

2 Wpisz definicję czasownika.

Czasownik – to nazwa ------------------------ lub ------------------------ .
Odpowiada na pytanie ------------------------ lub ------------------------ .

Daną czynność można wykonać przedtem, teraz i potem.

Zobaczcie to na przykładach i poćwiczcie ze mną.

Teraźniejszość (Co robię teraz?)	Przeszłość (Co robiłem?)	Przyszłość (Co będę robił?)
odrabiam (lekcje)	odrabiałem	będę odrabiał
tańczę	tańczyłam	będę tańczyła
cieszę się	cieszyłam się	
biegam		
piorę		
odpoczywam		
śmieję się		
odkurzam		
pamiętam		

Czasownik ma więc czas:
- teraźniejszy
- przeszły
- przyszły

A teraz poćwiczcie sami.

CZASOWNIKI

czasownik	Co robię?	Co robiłem?	Co będę robił?
bać się	boję się	bałem się	będę się bał
stać			
pracować			
pływać			
marzyć			
grać			
śpiewać			
pisać			
dbać			
kupić			
siedzieć			
spać			

Czasownik, tak samo jak rzeczownik i przymiotnik,
ma liczbę pojedynczą i mnogą.

pojedynczą
chłopak biega
ptak lata
kot miauczy
muzyk gra

mnogą
chłopcy biegają
ptaki latają
koty miauczą
muzycy grają

Czasownik w liczbie pojedynczej i mnogiej odmienia się przez osoby. Każdy czasownik ma trzy osoby w liczbie pojedynczej i trzy osoby w liczbie mnogiej.

	ja	ty	on, ona, ono
l. pojedyncza	odrabiam	odrabiasz	odrabia
	śpię	śpisz	śpi
	kopię	kopiesz	kopie
	biegam	biegasz	biega
	my	**wy**	**oni, one**
l. mnoga	odrabiamy	odrabiacie	odrabiają
	śpimy	śpicie	śpią
	kopiemy	kopiecie	kopią
	biegamy	biegacie	biegają

Poćwiczcie z nami.

3

liczba pojedyncza
ja robię
ty ---------------------
on
ona ---------------------
ono

liczba mnoga
my ---------------------
wy ---------------------
oni
    ----
one

liczba pojedyncza
ja czytam
ty czytasz
on
ona ---------------------
ono

liczba mnoga
my czytamy
wy ---------------------
oni
    ----
one

CZASOWNIKI

liczba pojedyncza	liczba mnoga
ja kłócę się	my kłócimy się
ty kłócisz się	wy ....
on	oni
ona	....
ono	one

4 Uzupełnij zdania czasownikami w odpowiedniej osobie czasu teraźniejszego (dzieje się teraz).

(kochać)	Mama kocha swoje dzieci.
(znosić)	Kura .... jajka.
(sprzątać)	Dlaczego nie .... swojego pokoju?
(marzyć)	O czym .... przed snem?

5 Uzupełnij zdania czasownikami w odpowiedniej osobie czasu przeszłego (działo się kiedyś).

(biegać)	Dzieci biegały po boisku szkolnym.
(kupić)	Mamusia .... mi śliczny naszyjnik.
(przylecieć)	Babcia .... do nas na święta.
(pomalować)	Malarz .... pokój na żółty kolor.

6 Uzupełnij zdania czasownikami w odpowiedniej osobie czasu przyszłego (to będzie się dziać w przyszłości).

(czytać)	Basia będzie czytała książkę.
(iść)	Wojtek będzie szedł (lub pójdzie) do babci.
(piec)	Mamusia upiecze chleb z rodzynkami.
(gotować)	Jutro (ja) .... zupę pomidorową.
(zrobić)	Czy (ty) .... łańcuch na choinkę?

7 Uzupełnij podane czasowniki sylabami <u>ły</u> lub <u>li</u> (dziewczynki lub chłopcy) w czasie przeszłym.

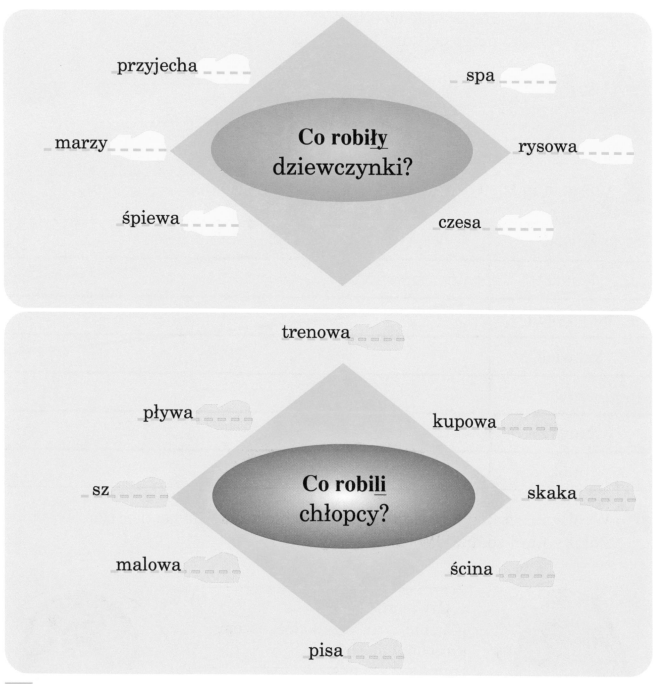

przyjecha _ _ _ _

spa _ _ _ _

marzy _ _ _ _

rysowa _ _ _ _

Co robi<u>ły</u> dziewczynki?

śpiewa _ _ _ _

czesa _ _ _ _

trenowa _ _ _ _

pływa _ _ _ _

kupowa _ _ _ _

sz _ _ _ _

Co robi<u>li</u> chłopcy?

skaka _ _ _ _

malowa _ _ _ _

ścina _ _ _ _

pisa _ _ _ _

8 Przeczytaj wiersz. Podkreśl, a potem wypisz wszystkie czasowniki.

Obiecanki cacanki   /ks. J. Twardowski/

Będę grzeczny obiecuje
lecz mamusi swej pyskuje.
    Będę wdzięczny – obiecuje
    lecz dziadkowi życie truje.

Kochać ludzi obiecuje
koleżance nie daruje.
Reperować obiecuje
czego dotknie, to popsuje.

9 Co robią ludzie tych zawodów? – podkreśl czasowniki.

Zawód	Co robi?
lekarz	<u>leczy</u> *(chorych)*
nauczyciel	
krawiec	
szewc	
murarz	
pilot	

10 Wypisz z czytanki lub wiersza, jaki obecnie przerabiacie, pięć czasowników i ułóż z nimi zdania. Wpisz do zeszytu.

Czy pamiętasz,
że nie z czasownikami piszemy
osobno?

Tak, bardzo dobrze pamiętam!
nie <u>jadłem</u>, nie <u>idę</u>, nie <u>nauczyłem się</u> – piszę
zawsze osobno.

Podpowiemy Wam!

• **Czasownik**

Powtórka

1 Co to jest czasownik i co on oznacza?

Czasownik to w_____, który oznacza
czy_____ lub s_____ .

np.: czyta   poci się
Dopisz po dwa przykłady:

_____   _____

_____   _____

2 Na jakie pytania odpowiada czasownik?

Czasownik odpowiada na pytania
Co _____? Co się _____?

POWTÓRKA

3

Czasownik może mieć
liczbę poj.............. lub liczbę mno..............
w trzech osobach.

np:

(ja) gram	(my) gramy
(ty)	(wy) ....
(on, ona, ono)	(oni, one) ....

4

Czasownik może występować w trzech czasach:

- Jeśli coś się dzieje teraz – to jest czas teraź..............

np:

(ja) jem	(my) jemy
(ty)	(wy) ....
(on, ona, ono)	(oni, one) ....

- Jeśli coś działo się w przeszłości, kiedyś – to jest czas ....

np:

(ja) jadłem	(my) jedliśmy
(ty)	(wy) ....
(on)	(oni) ....
(ona)	(one) ....
(ono)	

- Jeśli coś będzie się działo w przyszłości – to jest czas ....

np:

(ja) będę jadł	(my) będziemy jedli
(ty) będziesz	(wy) będziecie ....
(on)	(oni) będą ....
(ona)	(one) będą ....
(ono)	

Musicie też wiedzieć, że

czasownik z rzeczownikiem buduje zdania!

Są jak konstruktorzy budynków!!

Staś	pisze.
kto?	co robi?
rzeczownik	czasownik

Staś	pisze	zadanie.
kto?	co robi?	co?
rzeczownik	czasownik	rzeczownik

Przymiotnik pomaga rozwijać zdania.

Staś	pisze	zadanie	domowe.
kto?	co robi?	co?	jakie?
rzeczownik	czasownik	rzeczownik	przymiotnik

Uff, Filipku! To już koniec! Ale do czasownika wrócimy jeszcze w klasie IV – prawda?

POWTÓRKA

1 Wyszukaj w tekście rzeczowniki, czasowniki i przymiotniki.
Wpisz je w odpowiednie rubryki.

Zima była piękna, mroźna i śnieżna. Lepiliśmy bałwany i rzucaliśmy
śnieżkami. Nadejdzie wiosna. Zakwitną piękne kwiaty. Dzieci wybiegną
na zielone boiska i łąki.

rzeczowniki	czasowniki	przymiotniki
zima	była	piękna

2 Użyj w zdaniach wyraz samochód w różnych formach.
Wzór: Samochód mamy stoi w garażu.

To jest nowy model ....

....

Najbardziej lubię ....

3 Wybierz z ramki po pięć rzeczowników rodzaju męskiego, żeńskiego i nijakiego.

dom, morze, rzeka, lustro, mama, dziecko, chłopak, oko, sałata, boisko, uśmiech, lotnik, radość, pasażer, chusteczka

rodzaj męski	rodzaj żeński	rodzaj nijaki
dom	rzeka	morze

4 Utwórz rzeczownik od czasownika:

rysuję – rysunek   melduje – ....

ładuje – ....   rabuje – ....

pakuję – ....   podaruje – ....

5 Napisz prawidłowo przeczenie nie z przymiotnikami i czasownikami.

ładny	–	nieładny
kocha	–	nie kocha
dobry	–	....
równy	–	....
pisze	–	....
czyta	–	....
zręczny	–	....
siedzi	–	....
wstaje	–	....
porządna	–	....

Liczebniki

to wyrazy oznaczające liczbę albo kolejność liczb.

Odpowiadają na pytania:

ile? (jeden, dwa, trzy, czworo, pięcioro)

który z kolei? — (drugi, pierwszy, ósmy)

1	jeden	11	jedenaście
2	dwa	12	
3	trzy	13	
4	cztery	14	
5		15	
6		16	
7		17	
8		18	
9		19	
10		20	dwadzieścia

To są liczebniki główne. Pytamy o nie – ile?

1 Napisz liczebniki z rzeczownikami w odpowiedniej formie.

1 (chłopak)   – jeden chłopak
2 (żółw)   – dwa ....
4 (papuga)   – ....
3 (pietruszka) – ....
7 (telewizor)   – ....
6 (dziecko)   – sześcioro ....
8 (żyrafa)   – ....
20 (stół)   – ....
14 (uczniów)   – ....

LICZEBNIKI

2 Odpowiedz na pytania pełnym zdaniem, pisząc odpowiednią formę liczebników.

a) Ile masz lat?

Mam .... lat.

b) Ilu masz najlepszych kolegów?

----

c) Ile masz okien w swoim domu?

----

c) Ile posiłków zjadasz w ciągu dnia?

----

3 Uzupełnij zdania (z pomocą nauczyciela), wpisując liczebniki w odpowiedniej formie.

Ciocia Krysia zaprosiła (8) .... ośmioro .... gości.
Wśród gości było (9) .... dzieci.
Najbardziej wszystkim smakował włoski tort.
(3) .... z nich poprosiło o przepis.
To nic trudnego, powiedziała ciocia.

(2) .... szklanki mleka
(4) .... jajka
(5) .... łyżek mąki
(1) .... szklanka cukru
(1) .... łyżeczka cukru waniliowego

w y m i e s z a ć

Podzielić na (3) .... części i przełożyć masą orzechową.

Liczebniki porządkowe to liczebniki, o które pytamy
- który ⟶ raz
- która ⟶ z kolei
- które ⟶ z kolei
- w którym, na którym miejscu

na przykład: W wakacje polecę na Hawaje (1) pierwszy raz.

a) Która godzina?

(2) Jest druga po południu.

b) Którą rocznicę urodzin obchodzisz w tym roku?

W tym roku obchodzę (9) ----------------------------------- rocznicę urodzin.

c) Na której półce leży książka, o której mówisz?

Ona leży na (7) --------------------------------------- półce od okna.

d) Mojej siostrze wyrósł już (2) ---------------------------- ząb.

- Na którym obrazku jaskółka lata?

(-----------------------------------)

- Na którym obrazku jaskółki budują gniazdo?

(-----------------------------------)

- Które kaczątko jest najmniejsze?

(-----------------------------------)

Motto:
Błąd w mowie i piśmie
to jak brzydka plama
na fotografii Mamy,
którą kochasz.
– Janusz Korczak

ORTOGRAFIA

ó

- **wymienne**
- **niewymienne**
- **w zakończeniach**
  - ów - ówka

ó – wymienne

Znamy już wiele wyrazów z ó, z którymi nie mamy kłopotu, bo wymieniają się na o, a lub e.

np.: bródka   różki   ból   wrócę   siódemka
      broda   rogi   boli   wracam   siedem

1 Przeczytaj tekst uważnie. Podkreśl wyrazy z ó.
Spróbuj je wymienić na o według wzoru.

  Obok domu babci jest piękny ogród. Kilkanaście stóp dalej, zaczyna się stary bór. W domku babci nie ma wygód, ale ja lubię babci domek bardziej niż swój. Lubię też babci bajeczki. Lubię, kiedy opowiadając babcia daje mi wybór: "Chcesz o smoku, co miał siedem głów, czy o jeleniu co miał twardy róg? A może o stonodze o stu parach nóg?"

1. ogród   – bo ogrody
2. stóp   – bo stopy
3. ....   – bo ....
4. ....   – bo ....
5. ....   – bo ....
6. ....   – bo ....
7. ....   – bo ....
8. ....   – bo ....
9. ....   – bo ....

2 Zamień o na ó:

2 stoły	–	jeden stół
3 nogi	–	wiele _____
1 krowa	–	stado _____
1 koło	–	dużo _____
2 słoje	–	jeden _____
1 koza	–	stado _____
2 kościoły	–	jeden _____
1 siostra	–	wiele _____
5 gwoździ	–	jeden _____
2 groby	–	jeden _____

3 Wpisz odpowiednie wyrazy w luki zdaniowe.

wór	lód	wieczór	nóż

1) Nie ślizgaj się po słabym lodzie.
   Taki _____ to duże niebezpieczeństwo.
2) Listopadowe wieczory bywają chłodne.
   Nie każdy listopadowy _____ bywa przyjemny.
3) Toż to _____, a nie worek! – zawołała Ola.
4) Zabawa nożem może być przykra w skutkach.
   Szczególnie _____ w ręku dziecka bywa zagrożeniem.

4 Uzasadnij pojawienie się ó w wyrazach.

1) Pani lubi z nami powt<u>a</u>rzać materiał.
   Takie powtórki pozwalają lepiej zapamiętać materiał.
2) Artysta malarz – to twórca.
   On tw<u>o</u>rzy dzieła sztuki.
3) Artur lubi skróty, dlatego często _____ sobie drogę przez las.
4) Ósemki są dla mnie szczęśliwe, dlatego lubię liczbę _____ .
wzór:

1) powtórka – powtarzać   ó zamienia się na <u>a</u>

2) ....

3) ....

4) ....

5 Uzasadnij ó w wyrazach:

1. przyjaci<u>ó</u>łka   – bo przyjaci<u>e</u>l   (ó na e)
2. si<u>ó</u>dmy   – bo si<u>e</u>dem   (ó na e)
3. pi<u>ó</u>rko   – bo pi<u>e</u>rze   (ó na e)
4. wrócić   – bo ....   (   )
5. niósł   – bo ....   (   )
6. skrót   – bo ....   (   )
7. zbiórka   – bo ....   (   )

6 Zmień formę podkreślonego wyrazu w zdaniach:

1) <u>Położyłam</u> szalik na swoje miejsce.

     Ty też go .....połóż..... na swoją półkę.

2) Nie <u>boję</u> się złych snów i ty się nie .... też.

3) Ja się <u>uspokoję,</u> ale ty .... się też.

4) <u>Pomogę</u> mamie nakryć do stołu, ale ty.................... jej zmyć naczynia.

7 Podkreśl miejsca w wyrazie, gdzie o zamienia się na ó

> **Tak się o zmienia w ó**

W lesie kł<u>o</u>da   –   w skoblu kłódka
Wielka br<u>o</u>da   –   mała bródka
Dojna kr<u>o</u>wa   –   boża krówka
Mądre sł<u>o</u>wa   –   miłe słówka
Dobre l<u>o</u>dy   –   zimny lód
Słodki mi<u>o</u>dek   –   złoty miód
Jadą w<u>o</u>zy   –   dudni wóz
Były k<u>o</u>zy   –   nie ma kóz.

Nie do wiary! Czy to czary? Żadnych czarów nie ma tu.
Tak się <u>o</u> zamienia w <u>ó</u>.

ó – niewymienne

Agatko! – pomogłaś dzieciom przejść przez ćwiczenia z ó –wymiennym.
Ja przećwiczę z dziećmi wyrazy z ó, których pisowni nie da się wytłumaczyć.
Te wyrazy trzeba zapamiętać!

Znamy już wiele wyrazów z ó niewymiennym. Wiele wśród nich, to nazwy zwierząt:

| jaskółka | przepiórka | wróbel | sójka |

| królik | wiewiórka | żółw | tchórz |

roślin:

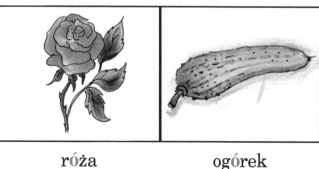

| róża | ogórek |

Ó – NIEWYMIENNE

inne: król, wróżka, ołówek, pióro, różaniec, Józio, żółty, córka, półka, źródło, płótno, włóczka, krótki, chór, późno, który, kłócić, skóra, wkrótce, mózg

1 Ułóż wyrazy z ó niewymiennym ze strony 111 i 112 w porządku alfabetycznym.

zwierzęta: ....

....

....

rośliny: ....

inne: ....

....

....

....

2 Poćwicz z nami:

a) Mówią, że jesteś tchórzliwy.

   Ja powiem krótko: Jesteś _tchórzem_ .

b) Gospodarna, lubiąca orzechy, to ....

c) Szara, ruchliwa, ćwierkająca kuleczka, zostaje z nami na zimę.

   To jest ....

d) Ten czarno - biały ptaszek łapie w locie muchy.

   To ....

e) Kuzyn zająca to ....

f) Wybierasz się jak .... za morze.

g) Znasz tę piosenkę: "Uciekła mi .... w proso?"

h) Znany ze swej powolności. To ....

i) Smaczny surowy, ale smaczniejszy kwaszony. To ....

j) Piękny kwiat, ale kole. To ....

k) Mieszkali w Krakowie na Wawelu. To ....

l) Nie syn, ale też kochane dziecko mamy. To ....

ł) "Lepiej .... niż wcale."

m) Służą do pisania i rysowania. To ....

n) Leżą na niej książki. To ....

o) Lubi wróżyć z kart i z ręki. To ....

3 Odczytaj rebusy ortograficzne:

Prze ....

Jas ....

4 Rozwiąż krzyżówkę:

1) Nie twój, ale _____
2) Samochód ciężarowy
3) Rosną w nim kwiaty i warzywa.
4) Z surowych warzyw
5) Nie tył, a _____
6) Ocena dostateczna to t_____
7) Gatunek białego sera (twa_____)

			M		J				
2					A				
		3			G				
4					Ó				
5					D				
6					K				
	7				A				

ó – w wyrazach z końcówką -ów, -ówka

W wyrazach kończących się na ów – zawsze piszemy ó.

np.: Kraków, Tarnów, samochodów, palców itp.

1 Uzupełnij według wzoru:

statek   –   wiele statków
dom   –   wiele domów
grzyb   –   dużo _____
widelec   –   kilka _____
koszyk   –   pięć _____
zeszyt   –   siedem _____
kwiat   –   wiele _____

2 Przeczytaj tekst i podkreśl na niebiesko wyrazy z końcówką ów.

Kraków, to jedno z najstarszych miast Europy. To miasto zabytków klasy zerowej. Jest tam wiele muzeów, pomników, teatrów, starych, pięknych domów i mostów. Latem przyjeżdża do Krakowa wielu turystów z krajów całego świata. W ciągu roku szkolnego przyjeżdżają wycieczki ze szkół. Stary Kraków to miasto królów z pięknym wawelskim zamkiem. Po zwiedzeniu Krakowa życzymy wszystkim pięknych snów!

ó – w wyrazach z końcówką – ówka

WYJĄTEK: skuwka, zasuwka, zasuwać!

1 Przekształć wyrazy, dodając końcówkę ówka

głowa (mała głowa)   –   główka
groch (zupa z grochu)   –   ....
motor (łódź motorowa)   –   ....
poczta (kartka pocztowa) –   ....

2 Rozwiąż hasła:

a) zakończenie, koniec   – końcówka
b) wypracowanie pisane w klasie   – klasówka
c) świeci w każdym pomieszczeniu   – ....
d) bułeczka pieczona na drożdżach   – ....
e) woda deszczowa   – ....deszczówka.......
f) łódź napędzana wiatrem   – ....

3 Uzupełnij zdania wyrazami z ramki:

wskazówka	leśniczówka	wędrówka	pocztówkę	krówka	główka

a) Wyjechaliśmy wcześnie. Czekała nas długa ....
w góry.
b) "Paluszek i .... to szkolna wymówka"
c) Kiedy pojadę do Kolorado, przyślę Ci ....
d) Mała krowa to ....
e) Godziny i minuty wskazuje na zegarze ....
f) .... to domek leśniczego.

Ó – (- ÓW, - ÓWKA)

4 Dobierz właściwą końcówkę -ów lub -ówka

a) Nie lubię silnych mroz......... ani wiatr......... .

b) Domek leśniczego to ....

c) Duży samochód ciężarowy – to ....

d) W naszym ZOO jest mnóstwo lw......... , tygrys......... ,

   lampart......... i innych kot......... .

e) Maleńka Oleńka nie umie policzyć swoich ....

f) Moimi ulubionym śniadaniem jest droż...........................

   z jagodami i kakao.

5 Rozwiąż krzyżówkę:

1) Ma na głowie koronę
2) Wydobywa węgiel
3) Leżą na niej książki
4) Zamarznięta woda
5) Nosisz w nim ołówek, kredki
6) Główka wypełniona makiem.

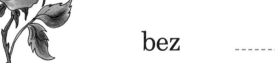

	1	K				
2	G	Ó	R	N	I	K
	3		Ó			
		4	L			
	5		I			
6	M	A	K	Ó	W	K	A

6 Uzupełnij przysłowie i napisz go w całości.

Nie ma .... bez ....

Mój własny słowniczek wyrazów z ó

ó – wymienne

ó – w zakończeniach -ów, -ówka

ó – niewymienne

Wyrazy z U

Pamiętajcie dzieci, że u występuje w wyrazach zakończonych na

– u

– uje

– un

– unka

– unek

oraz we wszystkich wyrazach na początku.

Wyjątkiem jest wyraz ósemka i ówdzie.

---

1 Wypisz wyrazy z końcówką (-uje)

rys

cał   mal

uje

got   kier

podskak

2 Ułóż 4 zdania z wyrazami o zakończeniach (-uje)

> **Zapamiętaj!** – uje się nigdy nie kreskuje!
> Kto – uje kreskuje to dostaje 2!

Kiedy piszemy u?

w końcówkach:

-un -unka →	opiekun	–	opiekunka
	biegun	–	biegunka
	zwiastun	–	....

-unek →	podarunek	poczęst.................
	pakunek	rach.................
	rysunek	....

na początku wyrazu →	uśmiech, ucho, usta, udaje, uprana, umysł, umyć /i wiele innych/

na końcu wyrazu →	mostu, wzrostu, kroku, łóżku /i wiele, wiele innych/

WYRAZY Z – U

"Wierszyk o końcówce -uje"

Tułacz wędruje, pies poszczekuje.
Kucharz gotuje, zupy pilnuje.
Murarz muruje, domy buduje.
Stolarz hebluje, deski piłuje.
Krawcowa szyje i pruje.

**O tym, że -uje się nie kreskuje pamiętaj zawsze,
a za to mama cię pocałuje.**

3 Wypisz wyrazy z końcówką (-unek)

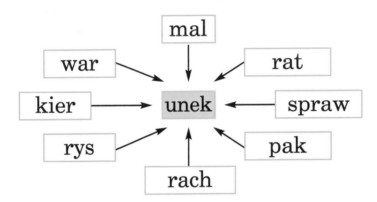

4 Wypisz wyrazy , które odczytałeś i ułóż je w porządku alfabetycznym:

----

1 _____   5 _____

2 _____   6 _____

3 _____   7 _____

4 _____   8 _____

Powtórzenie

Nikną wszelkie niepokoje,
kiedy stwierdzę: dwójka – dwoje.
Nie drży także ma stalówka
pisząc: ówna ów i ówka.
Zaokrąglam "ó" w dwóch słowach:
ósmy, ów – bo osiem, owa.

Zróbcie sobie sprawdzian w klasie.

1 Przeczytaj opowiadanie. Przypomnij sobie zasady pisania ó i u i uzupełnij tekst! Nie martw się, pani ci pomoże.

Za grami, za lasami, żyła krlewna, ktra nigdy się nie śmiała. Za przywrcenie crce dobrego humoru, krl obiecał dżą nagrodę.

Zewsząd z gr i rwnin, z ogrodw i wszelkich drg, szli na krlewski dwr wesołkowie.

Zjawił się wesoltki człowieczek z tresowanymi zwierzątkami. Wkładał do kapelusza rżę, a wyjmował krlika. Na prżno jednak prbował rozśmieszyć crkę krla. Pozostawała nadal smtna.

Zwycięzcą został nauczyciel. Pokazał krlewnie dyktando jednego z krlewiczw. Widząc błędy krlewna omal nie pękła ze śmiech. dało się!

Krlewna znw się śmiała!

POWTÓRZENIE

2 Wpisz wyrazy z ramki w odpowiednie luki w zdaniach.

> • łóżku   • nóżki   • Próżniak

_____ rzadko podróżuje, bo go _____ bolą stale. Wciąż się

w _____ wyleguje, nawet książki nie czytuje, tak próżnując

czas marnuje.

2a Podkreśl w zdaniach (wyżej) wyrazy kończące się na -uje.

Mamy dla Was świetny
wierszyk z wyrazami z ó.

Jest łatwy do nauczenia i pozwoli
na zapamiętanie dziesięciu
wyrazów z ó.

Króla boli dzisiaj nóżka.

Próżniak nie chce ścielić łóżka.

Wróbel stroszy szare piórka.

Córka nie chce jeść ogórka.

Pod okapem wisi półka,

tam swe gniazdo ma jaskółka.

rz

- wymienne
- po spółgłoskach
- w zakończeniach -arz, -erz
- niewymienne

rz – wymienne na r

To bardzo łatwe!

Jeżeli rz wymienia się na r – to takie rz nazywamy wymiennym.

rower

na rowerze

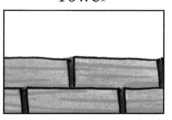

mur

na murze

papier

na papierze

Poćwiczmy jeszcze raz!

1 Uzupełnij według wzoru:

porze   –   bo pora
w norze –   bo ....
morze   –   bo ....
wierzyć –   bo ....

2 Uzupełnij zdania wyrazami z ramki:
Pamiętaj o użyciu właściwej formy.

nora	bór	góra	dziura

1) Lis mieszka w ....
2) Mysz siedzi w ....
3) Dom Mateusza stoi na ....
4) Sosna rośnie w ....

3 Dokończ wyrazy w zdaniach.

Lekarki i leka....... leczą dzieci.
Pielęgniarki i pielęgnia....... dają im zastrzyki.
Narciarstwo to piękny sport.
Dobry narcia....... lubi dob....... ośnieżony stok góry.
Stolarstwo to interesujący zawód.
Każdy stola....... lubi pracę w drewnie.

4 Uzupełnij zdania wyrazami zmieniając ich formę.

1) Rolnik orze na................. .   (traktor)
2) Za miastem jest ferma ....   (kura)
3) Kiedy nadszedł .... wrócili murarze.   (marcu)
4) W starym borze, pięknieś wyrósł panie ....
    (muchomor)

rz – po spółgłoskach

Rz – piszemy także po spółgłoskach:
b, p, d, t, g, ch, j, k.

np.: <u>br</u>zuch, <u>dr</u>zwi, <u>gr</u>zech, <u>chr</u>zan, doj<u>rz</u>ały, <u>pr</u>zód, <u>krz</u>esło, <u>trz</u>ask, <u>chrz</u>ąstka, <u>chrz</u>est itd.
Wyrazów tych jest bardzo dużo.

Pamiętaj jednak, że po spółgłosce k i p są wyjątki.
/np.: <u>ksz</u>tałt, <u>psz</u>czoła, <u>psz</u>enica/

1 Uzupełnij zdania wyrazami będącymi wyjątkami.
Jeśli trzeba, zmień ich formę.

.... to pracowity owad.

Nad kwitnącą lipą, unosi się rój pracowitych ....

.... to bardzo popularne zboże.

.... chleb jest bardzo biały i smaczny.

To ciastko ma .... trójkąta.

Tamte ciastka mają także różne geometryczne ....

2 Uzupełnij wyrazy wstawiając <u>rz</u> z poprzedzającą go spółgłoską.

(brz)	brzoza,		(brz)	eg,
(drz)	wi,		(drz)	ewo,
(grz)	ebień,		(grz)	anki,
(krz)	yczy,		(krz)	esło,

(trz)	miel,	cina,	ask
(chrz)	an,	est,	ąstka
(prz)	ecinek,	ykrywka,	ykrość

3 Z podanych liter ułóż wyrazy z rz .
(litera zaznaczona jest pierwszą w kolejności)

a) i r d w z ------------------

b) z r w s o ------------------

a) r e b z g ------------------

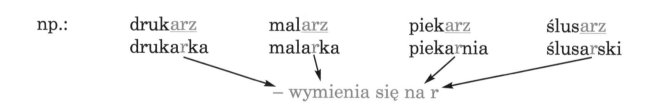

**rz
– w zakończeniach -arz i -erz**

np.:   drukarz   malarz   piekarz   ślusarz
       drukarka   malarka   piekarnia   ślusarski

– wymienia się na r

1 Dokończ ćwiczenie według wzoru:

rzeźbiarz –   dłuto rzeźbiarskie
kolejarz   –   czapka kolej------------
murarz   –   zaprawa m------------
marynarz – bluza m------------
harcerz   –   krzyż h------------

2 Ułóż zdania z wyrazami o zakończeniach (-arz, -erz): talerz, kucharz, pancerz, aptekarz, ślusarz.

Zauważyłem Agatko, że rz występuje w zakończeniach -arz, -erz popularnych zawodów!

np.: kucharz, piekarz, lekarz, pielęgniarz, ślusarz, kominiarz, kuśnierz, marynarz itp.

3 Wypisz z tekstu wyrazy z rz i wyjaśnij ich pisownię:

Grześ geograf

Nie wie czy Sandomierz miasto, czy jezioro,
nie wie – skąd się drzewa w starym borze biorą.
Nie wie czy na brzozie są igły, czy listki
lecz co jest na obiad, wie lepiej od wszystkich.

Grześ	–	bo rz po spółglosce g
Sandomierz	–	bo w zakończeniu erz
-----------	–	bo ----------------------
-----------	–	bo ----------------------
-----------	–	bo ----------------------

4 Wypisz wyrazy z rz i wyjaśnij pisownię:

Złota jesień słonkiem świeci
dalej, dalej wszystkie dzieci.
W gęstym borze po deszczyku
będzie grzybów dziś bez liku.
Jeśli się weźmiemy szczerze,
nazbieramy na wieczerzę.

_____ – bo _____
_____ – bo _____
_____ – bo _____
_____ – bo _____

5 Rozwiąż zagadki:

wierzba, jarzębina, brzoza

Pień wysmukły ma i biały,
jej gałęzie miotłę dały.

_____

W parku nad stawem
samotna stoi.
Gałęzie zwiesiła,
woda je poi.

_____

Z jej czerwonych jagód, na święta,
sznur korali zrobią dziewczęta.

_____

6 Wyjaśnij pisownię rz w wyrazach:

brzozowy gaj	brzoza	rz	→ po spółgłosce b
piękna przyroda	przyroda	rz	→ po ....
zachmurzone niebo	zachmurzone	rz	→ wymienia się na r (chmura)
olbrzymie ręce	olbrzym	rz	→ po ....
ślusarz	ślusarz	rz	→ w zakończeniu -arz/wymienne
w górze	górze	rz	→ ....
na korytarzu	korytarz	rz	→ ....
w skrzyni	skrzynia	rz	→ ....
w teatrzyku	teatrzyk	rz	→ ....
na grzebieniu	grzebień	rz	→ ....
gospodarz	gospodarz	rz	→ ....
na talerzu	talerz	rz	→ w zakończeniu -erz
w pancerzu	pancerz	rz	→ ....

Filipku, ale ja wiem, że są jeszcze wyrazy z rz, których pisowni nie da się wytłumaczyć.

Tak. Znam wiele takich wyrazów. Musimy to dzieciom usystematy-zować i pomóc zapamiętać.

rz – niewymienne

w imionach → Małgorzata, Katarzyna, Marzena

zwierzęta → tchórz, węgorz

roślinach → jarzyny, porzeczki, jarzębina, orzech, warzywa, wierzba, rzodkiewka, rzepa

inne → burza, korzyść, kurz, narzekać, porządek, rząd, rzecz, rzeka, wierzchołek, zmierzch

1 Ułóż zdania z siedmioma wybranymi wyrazami z rz – niewymiennym

----

RZ – NIEWYMIENNE

2 Rozwiąż zagadki:

Na głowie robi porządek.
Powinien być zawsze czysty.
Chociaż zębów ma rządek
nie bywa u dentysty.

g -

Gdy go trzesz,
a potem jesz –
płaczesz też.

ch -

Mają cztery struny.
Gdy użyjesz smyczka,
rozlegnie się wkoło
wesoła muzyczka.

s -

3 Ortograficzny wąż /ostatnia litera lub litery (rz) jest pierwszą następnego wyrazu/. Zacznij od ogona.

1) Zrywasz z niego kartki
   (mieści w sobie cały rok)
2) Nazwa rzeczy, osób, roślin, zwierząt...
3) Długi w szkole lub w hotelu.
4) Może być ławek, drzew, harcerzy
5) Rośnie obok jezdni, daje cień
6) Znak naszego godła.
7) Jeździ na łyżwach
8) Większa niż rzodkiewka
9) Kwitnie we wrześniu na leśnych
   łąkach.
10) Stary człowiek.

Powtórzenie

rz ➔ piszemy, jeśli wymienia się na ....

rz ➔ piszemy po spółgłoskach b, ----------------------------------

rz ➔ piszemy w zakończeniach .... i ....

rz ➔ piszemy w wielu wyrazach, których pisowni nie można wytłumaczyć. Zapamiętałem niektóre z nich: Małgorzata, Marzena, Katarzyna, węgorz, ---------------------

----

Przygotuj się do dyktanda:

Trzecia klasa urządziła przyjęcie. Krzyś przyniósł pyszny tort orzechowy, Marzenka sałatkę z rzodkiewki, a Małgorzatka placek z porzeczkami. Jurek z Kasią zaparzyli herbatkę z dzikiej róży.

Mój własny słowniczek wyrazów z rz

rz – wymienne na r

rz – po spółgłoskach

rz – w zakończeniach -arz i -erz

rz – niewymienne

Ż

Pisownia wyrazów

Ż

Żubr, żyrafa, żaba, żmija, żuk,
żółw, żbik i żuraw,
ryż żarłocznie spożywali
z żurkiem i żeberkami.

Żart to!.......chociaż
Coś ich naprawdę złączyło.
Kto czytał uważnie,
wie co to było!

> To była literka ż! –
> – Prawda dzieci?

1 Wypisz z wiersza wszystkie wyrazy z ż i ułóż je w porządku alfabetycznym. Naucz się tego wiersza na pamięć, będziesz znał szesnaście wyrazów z literką ż.

> Znam krótszy wierszyk, ale też bogaty w wyrazy z ż:

Żółte żabki żałośliwie
żalą się żółwiowi,
że żółtodzioby żuraw
zamiast żyta, żaby żre.

2 Przeczytajcie ten wiersz kilka razy i spróbujcie go zapamiętać. Poznacie jedenaście słówek z literką ż.
Takie wierszyki pamięta się czasem całe życie.

ż – piszemy często, jeżeli w innych formach tego wyrazu występuje g

dróżka	–	droga
nóżka	–	noga
pierożki	–	....
wstążka	–	....
uważny	–	....
odważny	–	....
poważny	–	....
papużka	–	....
książka	–	....

ż – piszemy niekiedy w zakończeniach -aż i -eż
(-aż) – bandaż, garaż
(-eż) – młodzież, odzież, kradzież

3 Uzupełnij zdania wyrazami z ramki:

koleżanki · żołądki · Zbliża się · dyżurnymi. · nożyczki · pożywienie · książki

Grażyna i Bożena to .... z jednej klasy. Dzisiaj obie

są .... koniec lekcji.

Dziewczynki sprawdzą czy wszyscy pozabierali ....

Włóżą papier i .... do szafy.

Przygotują .... dla rybek. Rybki muszą mieć pełne

.... do jutra.

4 Podpisz rysunki, dobierając odpowiedni wyraz z ramki:

żaba · żółw · żyrafa · łyżka · łyżwa

Ż

Filipku, dzieci w naszym wieku mają świetną pamięć. Podsuńmy im jeszcze kilka wyrazów z ż.

że, żeby, już, też, cóż, też, także, każdy, może, można, jeżeli

oraz – bagaż, pasażer, żal, żegnać, żądać, życzenia, żona, mąż, życie, duży.

Uff – wystarczy!

5 Wybierz z tego zestawu 5 wyrazów i ułóż z nimi zdania.

----

6 Teraz sprawdźmy się sami, co zapamiętaliśmy z ortografii.
Uzupełnij zdania wyrazami z ż lub rz.

Koło b.......ózki, na k.......ywej nó.......ce stał odwa.......nie duży
g.......yb. Był tak piękny, ...e ....al było go zerwać.
Moja kole.......anka Bo.......enka pat.......ąc na niego ....ekła:
– Rośnij sobie. Dzięki tobie piękniejszy jest świat i piękniejsze jest
.......ycie.

7 Rozwiąż zagadki:

To raz utyje,   Kolczasty zwierzaczek
to raz schudnie.   ma z igieł kubraczek.
Gdy noc przychodzi –   Latem dreptał po borze,
świeci nam cudnie.   teraz śpi w leśnej norze.

k ● ● ● ● ● ● ●   ● ● ● ●

8 Ułóż zdanie z plątaninki kolorowych koralików.

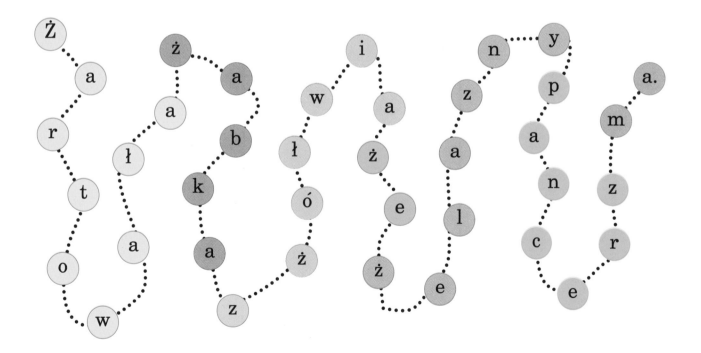

139

9 Rozwiąż krzyżówkę:

1) Przysmak bociana
2) Ma najdłuższą szyję
3) Służy do prasowania
4) Układasz nim włosy
5) Gatunek zboża
6) Jesz nią zupę
7) Czytasz ją często

1 Ż
2 Y
3 L
4 E
5 T
6 K
7 A

Mój własny słowniczek wyrazów z ż

h
Pisownia wyrazów

Kłopotliwe samo **h**

Dość szczególną skłonność ma.

Lubi hałaśliwe słowa:

huk, harmider, hałasować,

ale heca! hej! hop! hura! halo!

hasać, hulać,

jeździć hulajnogą i hamować lewą nogą.

Wciąż w hałasie się odzywa.

Teraz wiesz jak się nazywa?

– h –

1 Naucz się wiersza na pamięć, a następnie wpisz zapamiętane wyrazy w linie.

2 Połącz właściwe sylaby i ułóż z nich wyrazy.

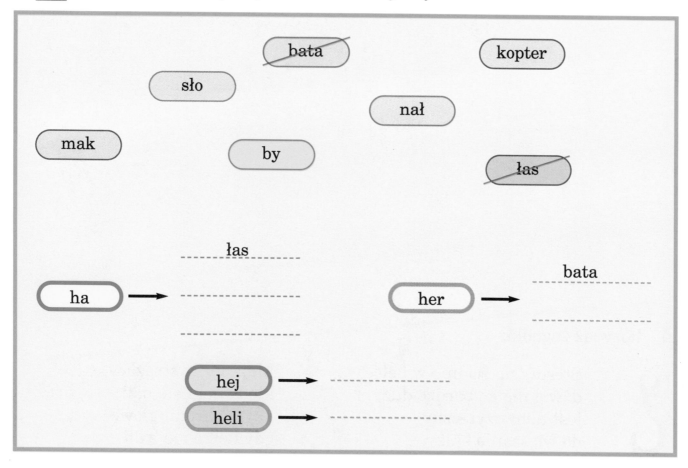

3 Ułóż zdania z wyrazami:
humor, hamak, herbata, Halinka, Hania, herb, hełm, hymn, hipopotam, hodować, harcerz

4 Rozwiąż zagadki:

Sterczy na ścianie w belce,
dźwig ma go bardzo duży,
jest nam użyteczny,
do wieszania służy.

● ● ●

Mają mnie strażacy,
kiedy dom się pali,
abym chronił głowę,
gdy belka się wali.

● ● ● ●

5 Rozwiąż krzyżówkę:

1) Na końcu wędki
2) Każdy ma swój hon.....
3) Napój Brytyjczyków i Polaków
4) Mieszkanie podróżnych
5) Dzieci robią czasem wielki ...
6) W wyposażeniu placu zabaw
7) Czasem bywa lepszy,
   czasem gorszy – hu.....
8) Duże zwierzę żyjące w błotach Nilu

Rozwiązaniem jest wymyślona zapowiedź
tego, co się zdarzy. (*przepowiadanie przyszłości*)

- Ułóż zdanie z wyrazem horoskop.

6 Uzupełnij zdania wyrazami z ramki:

> · ~~Hania~~ · historie · hałasować · druh · harmonii · harcerski

_____Hania_____ wyjeżdża na obóz _____ .

Cieszy się, gdyż wieczorami będą sobie opowiadać ciekawe

_____ i grać na _____ .

Nie będzie małych dzieci, nie będą więc _____ .

W tym roku dołączy do nas nowy _____ – Jacek.

> · Halinka · ~~bohater~~ · huśtać · huśtawce · haftować

Henio to prawdziwy _____bohater_____ . Uratował tonące dziecko.

_____ lubi się _____ na _____ ,

a Helenka _____ serwetki.

7 Wypisz imiona z H i ułóż z nimi zdania.

H
→ alinka

→ ania

→ enia

→ elena

→ ubert

→ enryk

_____

_____

_____

_____

_____

_____

8 Pokoloruj miejsca z kropką. Jaka to latająca maszyna?

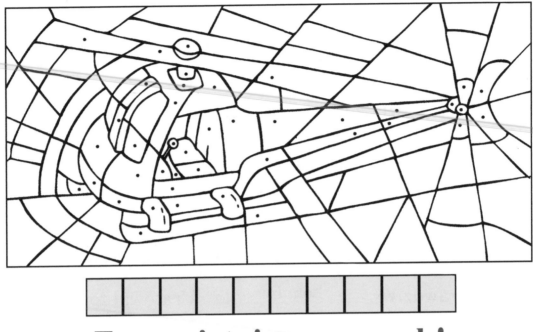

Zapamiętaj wyrazy z h!

bohater, haft, hak, hałas, hamować, handel, harcerz, harmonia, hasło, heca, helikopter, hełm, Henryk, herb, herbata, historia, honor, huk, hulajnoga, humor, huśtawka, hymn

Mój własny słowniczek wyrazów z h

Wpisz wyrazy z h z czytanek i wierszy, które przerabiacie na lekcji.

Wyrazy z ch

WYRAZY Z CH

Filip – lubisz rymowanki? Powiem ci jeszcze jedną:

Chińczyk pewien chytry
chłop na schwał uwierzcie
śpiewał w chińskim chórze,
bawiąc w Budapeszcie.
Teraz samochodem
jedzie do zbójników
by z niewoli odbić
rodzinę chomików.

Gdzie go można spotkać?
Co to za sekrety?
– Chińczyk ten istnieje
tylko w snach, niestety.

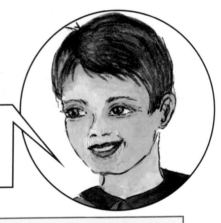

Dzięki tej rymowance poznałem 8 wyrazów z literą ch, ale zapamiętałem już wiele więcej wyrazów z ch z klasy pierwszej i drugiej:

choinka, muchomor, chmura, chorągiewka, chata, chusteczka, słuch, kochać, choroba, groch, Stach, chleb, okruchy, chłopiec, dach, chrzan

Wiem, że piszemy ch na końcu wyrazów
np.: dach, ruch, strach, mech, w oczach,
albo –
gdy ten wyraz w innych formach odmienia się na sz
np.:
mucha – muszka
suchy – suszyć
duch – dusza
cicho – cisza
ucho – uszy

Już wystarczy!!!
Nie mów nic więcej!
Zostaw coś na czwartą klasę!
Rozwiążmy z dziećmi krzyżówki.

UWAGA: *W krzyżówkach pojawią się wyrazy z ch i h.*
Jeśli nie jesteś pewny, sprawdź w słowniku!

1 Rozwiąż krzyżówki:

1) Rodzaj pieczywa
2) Ma go strażak na głowie
3) Przepowiednia np.: dla Wagi, Panny, Skorpiona
4) grypa, angina

1 | C | H | | |
2 | | E | | |
3 H | O | R | | | | P
4 | | | B | |

1) Dzieciom bardzo często dopisuje dobry ...
2) Można się w nim huśtać, odpoczywać
3) Porywisty, niszczący wszystko wicher
4) Tarty, wyciska łzy z oczu
5) Może być chińska, cejlońska albo ziołowa
6) Stary, wiejski domek

1 | | M | | |
2 | | A | |
3 | | R | | |
4 | | Z | |
5 | | E | | |
6 | C | H |

WYRAZY Z CH

2 Podpisz rysunki:

- -

- -

Mój własny słowniczek wyrazów z ch

Wpisz wyrazy z ch z czytanek i wierszy, które przerabiacie na lekcjach.

Uff!! Przebrnęliśmy już przez gramatykę i ortografię klasy trzeciej!

Nie było to wcale takie straszne! Prawda?

Pobawcie się teraz z nami wymową trudnych polskich słów!
/Spróbujcie tego nauczyć waszych amerykańskich przyjaciół/

Straszna powódź w Szczebrzeszynie.
Brzmi żartowniś chrząszczyk w trzcinie.
Siadł chrząszcz dziadziuś na łodydze.
– Gdzie ta powódź?
   Nic nie widzę!
Płacz, brzęczenie, lament w gąszczach –
To chrząszcz różdżką grzmoci chrząszcza.

**Wesołych, udanych
i słonecznych wakacji
życzą
Agatka i Filip!**

P.S. Do zobaczenia w czwartej klasie!

Test na zakończenie trzeciej klasy

1 Pomaluj okienka z samogłoskami na czerwono, a ze spółgłoskami na niebiesko.

o	c	e	d	ę	i	j	ch	u	rz	a	ą	y

2 Podziel wyrazy na sylaby.

kalafior ⟶ ☐ ☐ ☐

wiewiórka ⟶ ☐ ☐ ☐

3 Ułóż zdanie z rozrzuconych wyrazów i napisz je.

Katarzyna   Królewna   za mąż   Józefa.

wyszła   królewicza   za

_____

_____

4 Rozwiń następujące zdania:

Król siedzi. _____

Królewna bawi się. _____

5 Podkreśl wyrazy, które są rzeczownikami:

stół, mapa, duży, szeroki, rośnie, stoi, małpa, żyrafa, pani, leży, malutki

Rzeczowniki odpowiadają na pytanie: _____? _____?

6 Podkreśl wyrazy, które są czasownikami:

rośnie, słoń, kolorowy, je, czyta, wysoki, hipopotam, tulipan, zrywa, fruwa, pada

Czasowniki odpowiadają na pytanie: ....?
lub ....?

7 Podkreśl wyrazy, które są przymiotnikami:

mały, królik, szeroka, zając, śpi, nerwowa, nowe, niebieska, mądry, miska, twarz

Przymiotniki odpowiadają na pytanie:
......................?, ...?, ...?

8 Zamień liczbę mnogą na liczbę pojedynczą.

ptaki	–	....	orły	–	....
piórka	–	....	nosy	–	....
psy	–	....	zęby	–	....

9 Dopisz liczbę mnogą według wzoru:

wysoki chłopak	–	wysocy chłopcy
mądre dziecko	–	....
duży dom	–	....
kolorowy dywan	–	....
biały tulipan	–	....

10 Wpisz odpowiednią formę czasownika.

Ja piszę	My ....
Ty	Wy ....
On	Oni ....
Ona	

11 Przeczytaj uważnie tekst. Wpisz w odpowiednie rubryki wyrazy, które są rzeczownikami, przymiotnikami, czasownikami i liczebnikami.

Mała wiewióreczka lubi swoją dziuplę.

Lisy wolą mieszkanie w norze.

Cztery małe, ruchliwe wróbelki wybrały miejsce na gałęzi.

Osiem groźnych tygrysów wybiegło z klatki.

rzeczowniki	przymiotniki	czasowniki	liczebniki

12 Przeczytaj tekst i odpowiedz na pytania pełnym zdaniem.

Mamusia przyrządziła smaczną kolację.

Na talerzykach leżą świeże rzodkiewki i chlebek z twarożkiem.

Ania nie ma apetytu, bo bardzo boli ją brzuszek.

Mamusia zdecydowała, że pójdą do lekarza.

a) Kto zrobił pyszną kolację?

b) Co przygotowała mamusia na kolację?

_____

_____

c) Dlaczego Ania nie ma apetytu?

_____

_____

d) Co zadecydowała mamusia?

_____

_____

13 Rozwiąż krzyżówkę:

1) Pierwszy miesiąc jesieni
2) Zrywasz z niego kartki
3) Wisła, Odra,...
4) drzewo o białej korze.
5) Trudny ... do zgryzienia
6) Drzewo o czerwonych koralach
7) Odpowiada na pytania: kto? co?

Krzyżówka: 1 W, 2 A, 3 K, 4 A, 5 C, 6 J, 7 E

14 Napisz 5 wyrazów z h:

_____ _____ _____ _____ _____

15 Napisz 5 wyrazów z ó niewymiennym

_____ _____ _____ _____ _____

Wzory sprawdzianów ortograficznych

1 u / ó

J__styna __stawiła swoje ul__bione książki na p__łce obok ł__żka. Przed zaśnięciem mama czyta jej kr__tki fragment, a p__źniej J__styna może oglądać r__żnobarwne il__stracje. Są tam: kr__lowie, kr__lewny i wr__żki z r__żdżką. Jest pałacowa dr__żka prowadząca do zaczarowanego źr__dła.
Jest też Kapt__rek i bab__nia. J__stynka ma p__źniej piękne sny.

2 u / ó

J__rek dostał na __rodziny r__żowy pi__rnik. Jest z niego bardzo d__mny. Ułożył w nim r__żnokolorowe oł__wki, pi__ro i ż__łtą g__mkę.
Teraz m__gł j__ż zas__nać zamek.

3 rz / ż

Gra__ynka pat__yła na przydro__ne d__ewa. Liście po__ókły.
Ruda wiewiórka p__emknęła po gałęziach. Czmychnęła
tchó__liwie do swojej dziupli, gdzie zgromadziła pyszne o__eszki.
Wśród ko__eni dębu le__ały: __ołędzie, kasztany
i ró__nokolorowe liście.

4 rz / ż

Harce__e u__ądzili szkolną zabawę. W powiet__u fruwały
ró__owe i __ółte wstą__ki dziewcząt.
K__ysiek i G__esiek poprosili g__ecznie do tańca dwie
p__yjaciółki: Gra__ynę i Anię. Potem częstowali je ananasowym
sokiem w ró__owych fili__ankach.

5 ch / h

Zza krzaczka wyjrzał mały, __udy zajączek i śmiesznymi susa-
mi za__ęca psa do zabawy. Ale pies nie ma o__oty na figle.
Nagle zerwał się wi__er. Pewno nad__odzi halny wiatr.
Trzeba się s__ronić do __aty. __arcerze lubią leżeć na
__amaku lub jeździć na __lajnodze.

Informacje dla rodziców

Informacje dla rodziców

Informacje dla rodziców